侍ジャパンを世界一にする！

戦略思考

野村克也

竹書房

はじめに　侍ジャパンへの遺言

日本のプロ野球が誕生したのは、昭和10年のことだった。そして、いきなりどうでもいい話だが、私もその年に生まれている。実はプロ野球と私は同じ年齢、現在82歳である。

一方、夏の甲子園、全国高校野球選手権大会は、2018年に第100回を数えるという。東京六大学野球は一昨年、90周年記念を迎えている。

これほど長い歴史と伝統を誇る日本野球が、いま危機的な状況にある。何よりもまず、野球人口が大幅に減少している。この10年ほどの間に少年野球をやる子どもの数がガクンと減り、必然的に高校球児の数も減り、全国の高校野球部の数も、どんどん少なくなっている。

プロ野球では、地上波のナイター中継も巨人戦の観客動員数も減っている。選手のモラルの低下が目立ち、グラウンドでは首をかしげたくなるような試合が繰り広げられ、思わず「それでもプロか！」とヤジを飛ばしたくなる。

その最たる原因は指導者の力量不足、監督の人材難である。近年、プロ野球界に「なぜこんな人が監督なんだ？」と思うような監督が増えているのを見て、「指導者育成が急務だ。このままではプロ野球が滅びてしまう」と強く訴え続けてきたが、その対策がまるで進んでいない。そこで本書では、「いますぐ実行すべき指導者講習会要綱」という項目を設けた。これはプロアマ球界の指導者はもちろん、野球以外の分野でも役に立つと信じている。

いまや、子どもたちのあこがれのスポーツの第1位は野球からサッカーに変わり、とうとうバスケットボールにも追い抜かれ、野球は3位になってしまった。このままでは、日本の野球は下火になっていく一方だ。

とはいえ、野球界には明るい希望もまだある。将来が非常に楽しみな選手も出てきているし、２０２０年東京五輪の野球復活は、野球ファンだけでなく、国民的な期待も高い。

いま日本のスポーツは、五輪種目であれサッカーであれ野球であれ、国際試合に対する国民の関心の高さをどう国内競技につなげていくかということが大きなポイントである。

野球の場合、かつてのようにだれもがプロ野球を見ていた時代とは違い、ＷＢＣや五輪で強豪国と戦う侍ジャパンを応援することで、初めて野球に関心を持つ人たちが増えている。早い話が、東京五輪で侍ジャパンが金メダルをとることは、野球の人気を取り戻すためにも大事な戦いなのだ。

日本選手がメジャーリーグで活躍し始めたとき、私は「このままでは日本のプロ野球はメジャーのマイナーリーグと化してしまう」と警鐘を鳴らした。その後、実際に有力な選手は次々とメジャーに移籍するようになった。この流れもまたプロ野球人気低迷の一因となっている。

では、いま、日本のプロ野球は何をするべきか。それは、アメリカを倒すことである。メジャーリーガーとお互いに本気で戦って、日本が勝つこと。日本のプロ野球の価値観をメジャーリーグに負けないものにしないかぎり、いまの流れは止められないのだ。

しかし、我々のほうが「アメリカと本気で勝負して戦って倒したい」と意気込んでも、そういう戦いの場など、本当の意味では、いままでどこにもなかった。かねてからの「日米野球」は親善試合にすぎなかったし、WBCをはじめとする国際大会にメジャーリーグの一流選手が本気で集結したためしはなかった。いくら日本が打倒アメリカを掲げても、彼らのほうは、取り合おうとはしなかったのだ。

ところが、幸いにも、2017年の第4回WBCを見るかぎり、初優勝したアメリカはかなり本気になってメジャーリーガーをつぎ込んできた。本格的な野球の国際大会として、日本がアメリカと本気で戦って倒す舞台が整ってきたといえる。

そして、いま、侍ジャパンの新監督に私の教え子である稲葉篤紀が就任した。稲葉は、これまで私が数多く接してきたなかでも、もっとも模範的な野球人だ。野球人としての技量や姿勢が優れているだけでなく、多くの人たちに信頼され尊敬される人格を備えている。私の教え子のなかでも、稲葉と宮本慎也の2人は、かならずいい監督になると信じていた。

稲葉新監督の使命は、言うまでもなく、東京五輪で金メダルをとることだ。そこで、本書では、「野村の侍ジャパン強化策」を稲葉監督に提言するとともに、侍ジャパンを応援するすべての人たちに提唱したい。「侍ジャパン世界一」という日本野球の希望の光を輝かせて、再び多くの人たちが「やっぱり野球は面白い」と思ってもらうために本書はある。

こうして私の目が黒いうちに球界の危機が叫ばれている以上、82歳やそこらで呑気に天国のグラウンドに旅立ってもいられない。憎まれっ子、世に憚るというが、幸か不幸か、私の目はまだ黒いのだ。私などより立派な人たちが天国のグラウンドに行ってしまったというのに、この世にいるということは、きっと野球の神様に生かされているのだろう。

「おい野村。おまえは野球以外、何の能もない人間なのに、野球のおかげで世間に認めてもらってきただろう。おまえは命あるかぎり、野球のために尽くせ」

そう言われているのだ。

この齢まで生きていると、もう球界には怖い人がいなくなってしまった。もともと口が悪い人間が、さらに言いたい放題言っていることを苦々しく思っている人もたくさんいるだろう。しかし、いまこそ私は言うべきことを言わせてもらう。

私は長いこと野球の世界で生きてきて、多くの人たちが苦労を重ねて日本の野球をここまでにするために流した血と汗と涙をこの目で見てきた。そうした球界の先人たちの功績をここで台無しにするわけにはいかない。私はいまもう一度最後の知恵を絞り、知識と経験のかぎりを尽くし、言葉を尽くして伝えたい。野球とは何か。勝利とは何か。勝負とは何か。成功とは何か。そして、人生とは何か。

野球が再び輝きを放ち、日本中の子どもたちが野球のボールを追いかけて走り回る姿が眩いばかりにあふれ出すように。進むべき道を探している人の道筋に少しでも明るい光が差すように。本書は、野球の神様に「死ぬまで野球に恩返しをしろ。世間のみなさんに恩返しをしろ」と言われた「野村の遺書」である。

侍ジャパンを世界一にする！戦略思考

目次

第2章

侍ジャパンが世界一になるための秘策

第3章 メジャーに勝つ日本の武器

第4章 監督人材難という大問題

第5章 プロ野球を改革する指導者はこう作れ

第1章

なぜ侍ジャパンは敗れたのか？

敗因は監督の人選にあり

人間、いいときもあれば悪いときもある。人生、山あり谷ありである。

そして、野球界も山あり谷あり。野球が華やかなりし日々もずいぶんあったが、ここにきて、あまり喜ばしくないことも起きている。驕れる者は久しからず。いまこそ日本の野球は見直すべきを見直さなければ、まさに驕る平家と同じ運命になってしまう。日本野球は、古き良き時代の驕りを捨てて、改めるべきを改めなければ大変なことになる。その危機感から本書は出発している。

「野村－野球＝ゼロ」

私は常々そう言ってきた。私から野球を取ったら何も残らない。だからこそ、人生のすべてを野球にかけてきた。ところが、もし日本の野球がこのまま衰退して滅びてしまったら、この私の方程式は「ゼロ－ゼロ＝ゼロ」ということになってしまう。私にとって野球が衰退するということは、私の存在意義さえ無に帰してしまう絶望的な現象なのである。

私はどんなことがあってもそれを阻止してからでなければ、死んでも死にきれない。多くの先輩後輩たちが築いてきた野球というこの世の宝物を守らなければならない。いま、そう思っている。

こうした危機感は、いまや球界の内外の人たちが抱いていることだ。かねてから心ある人たちが早々に感じていた危機感を遅まきながら、だれもが感じているのだ。前々から問題意識を持って改革を訴えていた人からすれば、「だから言ったじゃないか。いま頃慌てても遅いよ」と言いたくもなる。

しかし、順調だったときには「改革しよう」といくら言っても耳を貸さなかった人たちが、いまさらながら「何とかしなければ」と思っている。これは、遅くなったとはいえ、大きなチャンスである。そこで、改めてここで球界再興のための提案をしたいと思う。いまなら、みんなが耳を傾けてくれるはずである。

日本球界は、いま、様々な問題を抱えているが、とりわけ野球人口の減少とプロ野球人気の低迷は早期に食い止めなければいけない問題だ。そこで、一つの注目ポイントとして、侍ジャパンの存在がある。

侍ジャパンは、プロ野球のオールスターによるトップチームを頂点に「社会人」「U－23／21」「大学」「U－18」「U－15」「U－12」「女子」というカテゴリーがある。2017年は春先の第4回WBCのみならず、高校球界に清宮幸太郎というスター選手をはじめ有望な選手が多かったおかげで、「侍ジャパンU－18」の国際大会にも注目が集まった。こうした国際大会における侍ジャパンの活躍は、野球人気に直結するということをよく認識しておくべきだ。サッカーのワールドカップに日本代表が参加し続ける努力をしてきたことが、日本のサッカー人気につながったことを野球関係者は改めて見直さなければいけない。

その意味で、侍ジャパンは、強くなければいけないし、国民の期待に応えられる存在でなければいけない。そして、2020年東京五輪で侍ジャパンが金メダルを獲得することは、日本球界の使命である。つまり、いま稲葉篤紀を監督に迎えた侍ジャパンを強化することは、プロ野球界の重要な使命なのだ。

日本のために日の丸を背負って戦うというのは大変な仕事だ。稲葉監督は、その背中に多くの責任を背負っているのだ。私も心から侍ジャパンと稲葉監督を応援したいと思っている。本書は、稲葉新監督が金メダルを獲得するための一助になることを祈って、侍ジャパンに捧げるつもりで書く。と同時に、「日本の野球はこのままでいいのか」という大きな疑問を抱かざるを得ない今日この頃、そのことについても遠慮なく提言していきたい。

勝負の世界は、勝ったり負けたりが常である。だからといって、「きのうは運よく勝った」「きょうは、たまたま負けた」と一喜一憂しているだけでは何の進歩も成長もない。勝負の世界において真の勝者とは、「なぜ勝ったのか」「なぜ負けたのか」を正しく分析し、反省して、それを踏まえて次の戦いに臨む者のことを言う。

なぜ勝ったのか。なぜ負けたのか。その答えを見出せない者は、いつまでたっても、たまたま勝ったり、たまたま負けたりという繰り返しである。それは、勝負においては、下の下である。もちろんプロとしては完全に失格である。

では、2017年春の第4回WBCで、日本はなぜ優勝できなかったのか。あの侍ジャパンの敗因は何だったのか。

まず組織論として考えるべきは、どんな場合でも、トップリーダーの力量である。リーダーの力量以上に組織は伸びない。野球の場合はチームの長である監督の手腕がどうであるかということだ。

そもそも、小久保裕紀監督には、だれがどういう形で要請したのか、そこがよくわからない。内情を知っている人たちに説明を聞いてみたところ、NPBのなかにコミッショナーが専門委員会を立ち上げ、そこで検討して決定したという。その話を聞いてみても、その意思決定の方法や責任の所在もよく見えない。一般的に言われている通り、第1回WBCの優勝監督であり、侍ジャパンの編成に強い影響力を持っている王貞治の意向を委員会のメンバーも承認したということなのだろう。

小久保裕紀という野球人を悪く言うつもりはまったくない。ただ、侍ジャパンの敗因を考えるときに、小久保が日本球界を代表するチームの監督に適任であったかどうかを問い直さずには先に進めない。

彼にその適性があったかというと、残念ながらその器にあらずと言わねばなるまい。なにしろ、いままで一度も監督やコーチの経験がないのだ。勝負の世界において、経験に勝るものは何一つない。小久保という野球人が、たとえどんなに優秀でも人格者でも、球団の監督はおろかコーチすら経験していない人をいきなり侍ジャパンの監督に起用するというのは、少なくとも戦いに勝つためには大まちがいだ。もしかしたら、球界の上層部は、勝たなくてもいいと思っているのか。あるいは監督などだれでもいいと軽く考えているのか。そんなふうにさえ感じてしまう。言うまでもなく、日本のオールスター選手を集めた日本代表を率いて世界と戦うということは、重すぎるほど責任の重い任務である。

小久保は、王がソフトバンクの監督だったときにキャプテンとしてチームの支柱となったほどの男であるから、王の信頼も厚く、周囲の人たちにも好かれるような人柄なのだろう。たしかに小久保を悪く言う関係者はあまりいないようだし、そう言われてみれば、小久保が敵を作らない人間だというのは私にもわかる。

私が楽天の監督だったとき、ソフトバンク戦になると小久保は、かならず楽天のベンチまで足を運んで挨拶をしてくれた。なぜ、わざわざ何の接点もない私などのところへ丁寧に挨拶しに来るのだろうと不思議だった。

プロ野球の慣習では、かつて同じチームにいたり母校や出身が同じだったりという場合、後輩にあたる者が先輩に挨拶に出向くということはある。小久保と私には、そういうものが何一つないのに律儀に頭を下げに来るというのは、「球界の先輩だから」なのだろうか。つまり、小久保という男の視野は広く、野村という男の料簡は狭いということなのだろう。それでも、いまから戦う敵将に丁寧に挨拶をする選手を見ると、狭量で偏屈な私などは、「この選手は自信がないんかなあ。自信があるヤツはこういうことをしないもんやけどなあ。それとも、俺が悪口を言いにくいようにしてるんかなあ」と勘繰ってしまう。

いずれにしても、小久保が礼儀正しくて周囲への気配りができる人間だとしても、監督の器であるかどうかとは別問題である。ましてや小久保裕紀という野球人が指導者として有望な人材だとすれば、いきなりこんなに任が重いポジションに就かせるのではなく、しかるべき経験をしてからにするべきだった。経験のない人間に無茶な仕事をさせることで、将来のある人材をつぶしてしまいかねないではないか。小久保は、いずれまたどこかで監督になる日が来るのだろうが、せめてＷＢＣの敗戦をよい経験として活かしてもらいたい。

なぜ私は侍ジャパンの監督になれないのか？

選手の起用も監督の要請も、すべて組織づくりの基本は、適材適所である。侍ジャパンというチームを「勝てる組織」にするためには、まずそのトップリーダーである監督そのものの人事が適材適所でなければいけないのは当然のことだ。ところが、監督経験のない人間を日本代表の監督に据えるというのは、どう見ても適材適所とは言えない。いったい、なぜ、だれが、どういう根拠で侍ジャパンの監督を決めているのか。そこがまったく見えないのだ。

侍ジャパンの監督として「なぜ小久保が適任だと判断したのか」ということを責任持って説明し、結果によってはその任命責任も負うという組織としての姿勢がNPBの側にあったのか。私には到底、そう見えない。そこには、権限も責任も曖昧なまま、ただただ国際大会を重ねているとしか思えない「意思なき組織体制」があるだけだ。それは、私も当事者の1人として身をもって実感したことがある。

2009年3月に開催される第2回WBCの日本代表監督を決めるにあたって、「WBC体制検討会議」という聞きなれない会議のメンバーの1人として、私もコミッショナーから招集を受けた。私の他に呼ばれていた参加者は、コミッショナー特別顧問の王、前年の北京五輪で代表監督を務めた星野仙一、当時ヤクルトの監督をしていた高田繁、後にカープの監督を務める野村謙二郎という顔ぶれだった。

会議は、コミッショナーが「ここにいる皆さんのご意見を聞いたうえで代表監督を決めていきたい」というような話を一言二言だけ簡単に話し、後は王が議長のような感じで進められていった。なぜか同じ野村でも私ではなく野村謙二郎が延々と意見を述べていた。「よくしゃべる男だなあ」と思ったが、会議には「星野監督の続投でいいんじゃないか」という空気があった。王は「現役の監督が代表監督を兼務するのは、なかなか難しい」という見解を示し、星野続投に異を唱えないニュアンスだったが、この場で決定することはなく「引き続き第2回の検討会議に参加してほしい」というコミッショナーの言葉があった。

実は、この会議の冒頭、王が第一声で私にこう言った。

「ノムさんは、やらないでしょ?」

見事な先制パンチである。「野村は、やらない」という既成事実を最初に作るために牽制球を投げてきたのだ。つまり、王は私にやらせたいとは思っていないし、他の人々も「野村監督がいい」とはだれも思っていないのだ。

「うん。やらないよ」

私は王の気持ちを忖度して、そう言った。こう見えても私は、お人よしなのである。

もし、ここで私が「いや、そんなことはない。俺がやってもいいよ」と言ったら、王は困ってしまったはずだ。王や上層部の腹案にはノムラの「ノ」の字もないのだから、私がやりたいなどと言いだしたら会議の進行の妨げになるだけだ。

「俺は何のために呼ばれたんや？　また口封じか？　アリバイ作りか？」

そうへそ曲がりなことを考えながら、ほとんど発言らしい発言はしなかった。

結局、第2回WBCは巨人の現役監督である原辰徳が就任したのだから、振り返って考えてみると、体制検討会議の意義がさっぱりわからない。NPBという組織の体制としても、だれがどういう権限と責任において監督を決めているのか、まるで見えない。WBCにおいて原監督率いる侍ジャパンは2連覇を達成したが、それ以降は山本浩二監督、小久保監督ともに優勝を逃している。これは、どう見ても山本監督と小久保監督の指揮官としての力量を語る以前の組織的な問題だと思わざるを得ない。

では、今回の稲葉新監督誕生にあたって、WBCでの敗戦を踏まえ、そうした組織的な問題が改善されたうえで決定されたのかというと、残念ながらそうは見えない。NPBの事務局長を中心とした「侍ジャパン強化委員会」が小久保監督の辞任後、数か月をかけて稲葉に決めた経緯は、相変わらず不透明のままだ。稲葉の就任が発表される前は、原辰徳監督の再登板が有力視されていたり、他の候補者の名前も聞こえてきたりした。それがどういうわけで稲葉に行きついたのか、首をかしげたくなる。

稲葉は、非常に責任感の強い男である。稲葉自身、選手としてもコーチとしてもWBCや五輪に出場してきた経験も自負もあり、「侍ジャパンを何とかしなければ」という強い思いがあるのはよく理解できる。自分のためなどではなく、日本球界のために引き受けようという、いかにも稲葉らしい決断には拍手を送りたい。しかし、「侍ジャパン強化委員会」という名前の通り、彼らが稲葉をしっかりとサポートして「強化」してくれるのかどうか。最初の問題は、そこに尽きるのだ。

もし、この組織体制が、ただ現場の稲葉監督に丸投げするだけで「後はよろしく。がんばって金メダルをとってくれ」というものなら、こんな罪深いことはない。稲葉に監督を押し付けて、満足な強化策もとれないままに東京五輪を迎えるようなことがあろうものなら、金メダルはおろか北京五輪のように惨敗してしまう。それだけでなく、稲葉篤紀という球界にとって大切な人材をつぶしてしまうことになりかねない。

まちがってもそんなことにならないように、私はこれだけは言わせてもらう。NPBは全力で稲葉を支えなければいけない。それにはまず「勝っても負けても全責任は稲葉監督を選んだ我々NPBにある」と明言し、リスクを負うことだ。

2020年になれば、各種目のメダル予想がマスコミに踊り、「野球は金メダル確実」などという前評判が当然のように出てくる。しかし、こうした「勝って当然」というムードほど恐ろしいものはない。野球は意外性のスポーツである。勝負は何が起こるかわからない。圧倒的に優位と思われていたほうが負けてしまうのが野球の面白いところであり怖いところなのだ。

国民が侍ジャパンの金メダルを期待するのであれば、日本球界は一丸となって東京五輪に備えなければいけない。とくにプロ野球界は、一致団結して稲葉監督を支援し、侍ジャパンを強化しなければ、決して勝利は得られないのだ。

稲葉監督は金メダルを獲得できるか？

稲葉篤紀という男は、私の知るかぎりプロ野球界のなかで、もっとも真面目な人間である。

努力に勝る天才なし。

常々私はそう言ってきたが、稲葉ほどこの言葉を体現してみせた選手は他にいない。だれよりも努力を重ねたことで、並み居る天才たち以上の成績をあげた。おそらく稲葉が2000本安打を打つような選手になると予想していた人はだれもいなかったし、もともと守備に難があった稲葉がゴールデングラブ賞をとる選手になると思っていた人は1人もいなかったはずだ。稲葉という野球選手が、私も含めた多くの関係者の予想をはるかに超える活躍をしたのは、すべて稲葉の努力に次ぐ努力によるものだ。努力の虫というのは、稲葉のためにある言葉である。

野球選手としての努力だけでも頭が下がるのに、稲葉は人間的にも優れている。野球に取り組む姿勢は、すべての選手にとって最高のお手本であった。いつも謙虚で、チームに対する思いや周囲に対する気配りも欠かさない。先輩を敬い、後輩をいたわり、マスコミや関係者への対応も文句のつけようがない。いつでもファンに対する感謝を忘れず、一社会人としての言動もきちんとしている。まったく非の打ち所がないのだ。

ヤクルトの監督を務めていたとき、稲葉という男を見ていて「いったい、どうすればこういう人間ができあがるんやろ?」と思うほど感心してばかりいた私は、ついに一度も彼に対してボヤいたり叱ったりすることもないまま終わってしまったような気がする。

監督という人種は、自分が選手だったときに大きな影響を受けた監督にどうしても似ているところがあるものだ。私は18歳で南海ホークスに入団以来、長年、鶴岡一人監督のもとでプレーしてきたので、敵の選手は褒めるくせに自軍の選手を褒めることが苦手で、嫌味や悪口雑言ばかり言う鶴岡監督スタイルになってしまった。まあ、もともと私の性格はひねくれ者であるから、もしいま鶴岡監督が生きていたら「なんや、野村。自分の欠点をワシのせいにしやがって」と言うだろう。

いずれにせよ、そういう私が稲葉にだけは文句を言ったことがないくらいなのだから、稲葉篤紀という人間が、先輩にも後輩にも慕われ、ファンにも愛され、球界内外の人たちに好感を持たれているのは当然のことだろう。そして、賢い稲葉のことだから、「野村監督の影響」があったとしても、「いいところは学び、よくないところは反面教師にする」という取捨選択ができるはずだ。つまり、ボヤいたり悪態をついたりという真似はせず、「野村ノート」のよいところだけを自分なりにとり入れていくことだろう。

しかしである。だからといって、稲葉が侍ジャパンの監督に適任かどうかというのは、また別の話である。それは小久保監督と同様に、たとえどんなに優秀で人格者だったとしても、監督の器であるとはかぎらないのだ。

そもそも、稲葉には、まだ監督の経験がない。この点では、小久保監督とまったく同じである。経験に勝る教育なし。小久保監督がＷＢＣで勝てなかったのは、経験の乏しさが大きな要因だったことはだれの目にも明らかだった。それなのに小久保の後任として、またもや監督経験のない人を選ぶというのは、いったい何を考えているのだろう。

わざわざ監督経験がない人を新しく選ぶぐらいなら、せっかく3年間も監督の経験を積ませた小久保監督に「これまでの経験を活かして、今度こそ東京五輪で成果をあげてくれ」と頼んだほうが、経験という観点からはよかったぐらいだ。まったく侍ジャパン強化委員会とは名ばかりで、やっていることがちぐはぐだと感じているのは私だけではあるまい。

「外野手出身に名監督なし」をくつがえせ

外野手出身に名監督なし。

私は長年、そう言い続けてきた。

「ノムさん、ひどいよ。そんなこと言わないでよ」

あるとき、山本浩二にそう言われた。まさに外野手出身で、監督経験のある彼は、私の言い分は許せないというわけだ。稲葉も外野手出身。一塁手の経験もあるが、外野手としての出場が圧倒的に多いから外野手出身監督の範疇に入る。

私は何も偏見でそんなことを言っているわけではない。長いプロ野球の歴史のなかで、長い間、外野手出身の監督で日本一になった人はいなかった。2001年にヤクルトの若松勉監督が日本一になり、ソフトバンクの秋山幸二監督が2011年と2014年に日本一になった。2016年には日本ハムの栗山英樹監督が日本一になっている。広島の山本浩二監督とヤクルトの真中満監督はリーグ優勝をしたが、日本一には届いていない。

ただ、あえて付け加えておけば、秋山監督と真中監督は、ともに二軍監督を経験している。選手の育成という使命を持った二軍監督を務めながら、二軍戦という実戦のなかで日々選手起用を学んでいったことは、一軍の監督になるためのよい修行となったはずである。

監督になった人がどういう野球観を持っているかは、やはり自分が現役時代にどういう視点でプレーしていたかということが原点となる。私を含めてキャッチャー出身者は、守備についているときはピッチャーのリードにしろ野手への指示にしろ監督代行のような仕事をしているから、1球1球、状況判断をしながら試合を組み立ててプレーしている。それが身についているから、その延長線上に監督としての采配があると言ってもいい。

その点、外野手は、守っているときは、どこに守備位置をとるか、自分のところにボールが飛んできたらどうするかを考えておけばいい。守備位置が不適切だったらベンチから「もっと前」とか「もっと右」というように事前に指示が飛んでくるから、その通りにすればいい。つまり、内野にいる選手よりは率直に言って暇なのだ。だから、昔も今も外野手は守っているとき、ついついバッティングのことを考えて、グラブを手にしながらイメージバッティングをしている選手もいるくらいだ。

それゆえ、どちらかといえば、守備に関しては緻密に野球を考える習慣があまりなかった人も少なくないので、監督の適性が豊富にあるとは言いにくいのではないか。私は長年、そう思っていた。しかし、時代とともに外野手も内野手と同じように細かい野球を勉強する人たちが多くなってきたので、こうして立派な優勝監督になる人も出てきたわけだが、果たして稲葉監督は名監督になれるのか。

もちろん私は、かねてから稲葉は、かならずいい指導者になってくれる人材だと期待していた。唯一、心配なのは監督経験がないことであるが、就任した以上、経験不足を何でカバーするかを考えるべきだ。

プロ野球の歴代監督のなかには、選手を引退してすぐに監督になるケースも少なくないが、その成功と失敗を分ける最初で最大のポイントはヘッドコーチの人選である。いいヘッドコーチがしっかりと新米監督をサポートしてくれれば、監督の経験不足を補える。まずは経験豊富で優秀なヘッドコーチをそばに置き、さらに各部門のコーチにも適材適所の人材を揃えれば、稲葉監督は十分に戦えるはずなのだ。

ところが、あろうことか、稲葉監督を支えるコーチ陣が先頃発表され、その顔触れを見ると、経験の浅い人たちばかりだ。ヘッドコーチの金子誠は、コーチ経験が2年しかない。とすると、稲葉金子という経験の乏しい2人を周りのコーチが支えていくしかない。経験のある村田善則バッテリーコーチ、清水雅治外野守備走塁コーチ、選手として侍ジャパンで活躍し、引退後は巨人でコーチを務めている井端弘和内野守備走塁コーチといった人たちが、何とかして稲葉監督をサポートしていくしかない。

こういう場合、何が大きな力になるか。それはコーチたちに「この監督を勝たせたい」「この監督のために命懸けでがんばりたい」という気持ちがあるかどうか。それが、私が常々言っている「無形の力」となり、監督の力となり、チームの大きな戦力となってくれるのだ。

幸い稲葉には人徳がある。あのイチローが「稲葉さんには徳がある」と言っていたのを耳にしたことがあるくらい、稲葉の人格は球界内で広く知られている。つまり、「稲葉監督のため何でも協力したい」と思っている人は大勢いるということだ。それがまず稲葉監督の財産であり、アドバンテージだと言えるだろう。

稲葉は現役を引退したとき、こう言っていた。

「私が唯一、誇れることは、私が仕えた5人の監督をすべて胴上げできたことです」

その5人とは、時系列の順番に名前を挙げていくと、ヤクルト時代の野村、若松、日本ハム時代のヒルマン、梨田、栗山である。たしかにこれは誇るべきことだと思う。ヤクルト、日本ハムという決して常勝チームとは言えない球団で、そのときどきの監督をすべて日本一にしているのは、稲葉の貢献度が高かったという評価を与えてもいいだろう。プロ野球は「俺が俺が」という選手が多い世界だが、稲葉という男は、チームのため、監督のため、優勝のために尽くすことができる選手だった。

監督経験のない稲葉が日本代表の監督になるというのは荷が重いことだとは思うが、これまで長い間、人のために尽くしてきた野球人だということはだれしも認めている。そういう人間が侍ジャパンの監督になったのだから、稲葉監督は「日の丸のため、侍ジャパンのため、日本球界のため、選手のために」野球をするつもりなのだろう。そういう野球人であればこそ、私たちも応援したいし、野球ファンも球界関係者も、そして野球の神様もぜひとも稲葉監督の味方になってほしいと思っている。

稲葉監督の隠れたる武器

稲葉篤紀という野球人を私は彼がプロに入団する前から今日まで見守ってきた。「稲葉」と書いて「どりょく」と読む。天才たちが群雄割拠する世界で、努力で才能を超えた男。努力する天才である。

私がヤクルトの監督を務めていたとき、「人間とは、これほどまで努力できるものなのか」と感心して見ていたのが、稲葉篤紀と宮本慎也だった。この2人は同期入団であるが、稲葉は法政大学からヤクルト。宮本は同志社大学からプリンスホテルを経てヤクルト。宮本のほうが年齢は2つ上だ。どちらも期待の大物ルーキーというわけではなく、「どうやってプロの世界で生きていくか」を見つけて必死にがんばらなければ、レギュラーはおろか一軍入りもままならない位置からの出発だった。

2人とも「真面目がユニフォームを着て歩いている」と言われるほど真面目で、野球に取り組む姿勢も日頃の言動も文句のつけようのない模範的な選手だった。その2

人がお互いに励まし合って努力を重ね、チームの中心選手に成長してくれたことが監督としては非常にありがたいことだった。中心なき組織は機能しない。野球の場合、「エースと4番バッター」という中心がもっとも重要であるが、精神的支柱という意味では、この2人に負うところが大きかった。

2人が、毎日、ナイターの日でも午前中から神宮球場の室内練習場での打ち込みを始め、試合の後も深夜まで打ち込みを続けていた姿は、球団内における選手の鑑だった。2人は2012年に揃って2000本安打を達成したが、入団当時、そこまでのバッターになるとはだれも予想していなかった。まさに、努力に勝る天才なしということを2人して他の選手たちに示してくれた。これがヤクルトの優勝の大きな原動力となった。

稲葉は努力以外にも意外な武器を持っている男だ。それは運と縁だ。そもそも、稲葉と私には不思議な縁がある。入団前、法政大学の四番打者に座っていた稲葉だが、さしてプロのスカウトたちに注目されていた選手ではなかった。その当時、ちょうど息子の克則が明治大学の選手だったので、たまには息子の試合を見ようと神宮球場の観客席に座っていたときのことだ。その明治対法政の試合で、稲葉が見事なホームランを打った。

「ほう。なかなかいいバッターやないか」

その年のヤクルトの補強ポイントの一つは「即戦力の左の強打者」だったので、稲葉の一振りが私の印象に残った。翌日の法明戦も見に行くと、またしても稲葉は私の目の前でホームランを打った。

「この選手、うちで指名したらどうや」

スカウト陣にそう伝えると、彼らの稲葉評は「一塁手としては長打力に欠ける」というものだった。他球団のスカウトも似たような評価だったようで、近鉄が興味を持っているという話も聞いたが、後はノーマークだったらしい。私の目の前で打った2本のホームランを見るかぎり「バッティングで飯を食える選手になれる」と私は思ったし、きっと六大学野球からプロ入りした歴代の長距離バッターたちと同等のホームランを量産している選手なのかと思っていたら、通算6本だという。そのうちの2本を私の目の前で打ったのは稲葉の運かもしれない。

私にしても、これは何かの縁ではないか。こういう選手との出会いは大切だ。私はドラフト会議の席で稲葉の指名を進言した。

「ファーストにしてはバッティングが物足りない」というスカウトの評価だったが、守備に関しては外野手をやらせてみようと考えていた。ちょうどその年、阪神からオマリーが移籍してくるのが決まっていたので、ファーストでは出番もないし、今後、バッティングを活かすためにも外野の練習をさせようと思った。

入団発表の席で顔を合わせた稲葉に私は「キャンプには外野手用のグラブを用意してくるように」と言った。その日から稲葉の外野手としての新たな努力が始まった。

稲葉は肩が強いほうではなかった。それを補うために、最速で打球に向かい、素早いフットワークと正確なコントロールで送球する。イチローのようなレーザービームがなくても補殺を重ねてピッチャーを助ける外野手になった。

内野手とは違って、外野手は捕って投げるという一連の動作が比較的ルーズな選手も多い。その点、稲葉は内野手並みの捕球と送球の動作を身に付ける練習を重ねたのだ。

守備練習の基本はノックを受けること。千本ノックという言葉通り稲葉もノックの嵐を浴びたが、それだけで飽き足らないのか、フリーバッティングのときも稲葉は暇さえあれば外野の守備について打球を追いかけた。これは、プロのバッターの打球がどんどん飛んでくるのだから、コーチがノックするボールよりもずっと実戦的な練習なのだ。ほとんど未経験だった外野のレギュラーポジションを獲得して、さらにゴールデングラブ賞をとるまでの外野手になったのは、こうした地道な努力によるものだ。努力によって乗り越えられない壁はない。稲葉を見ていると、そう信じたくなる。

稲葉監督を選任した侍ジャパン強化委員会によると「豊富な国際試合の経験」が選んだポイントだという。現役時代には侍ジャパンの4番打者としてＷＢＣの優勝に貢献し、北京五輪にも出場し、そこでは逆に悔しい思いもしている。現役引退後は侍ジャパンのコーチとして3年間、小久保監督を支えてきた。国際大会で勝つためには何が必要かをよく知っているというわけだ。

もちろん侍ジャパンの監督には「海外の強豪とどう戦うか」ということが求められる。ただし、野球という勝負の基本には普遍的なものがある。それを踏まえて、アメリカや韓国と戦うためには何が大切かということを考え、整理しておく必要がある。本書では、それをひとつひとつ書き記し、「東京五輪金メダルのための野村の考え」として侍ジャパンに贈りたい。

稲葉篤紀というプロ野球選手誕生から深くかかわった者として、私は侍ジャパン新監督に就任した彼を改めて応援したいと思っている。応援団長という柄ではないが、稲葉の監督としての努力が実を結ぶように見守り、言うべきことを言い、球界にも本人にもボヤいていきたい。いまさら老人のたわごとなど何の力にもならないかもしれないが、少なくとも2020年東京五輪の日までは私も生きながらえて、稲葉監督の胴上げを見てからでなければ天国のグラウンドには旅立っていけないと思っている。

第2章

侍ジャパンが世界一になるための秘策

侍は敵を知り己を知るべし

敵を知り己を知れば、百戦危うからず。

孫子のこの言葉ほど、勝負の神髄を言い表しているものはない。私は野球選手として監督として、つねにそれを考えて戦ってきた。

相手の情報を集め、分析し、対策を考える。一方、自分の得手不得手を知り、長所を活かし、短所を補う努力を重ねる。そして、自軍のピッチャーをはじめ選手個々の特徴を把握し、チーム状態を冷静に見極める。そういう備えがあってこそ、どんな相手とも自信を持って戦うことができるのだ。

侍ジャパンの戦いも、当然、「敵を知り己を知れば、百戦危うからず」というのが鉄則である。とくに五輪やＷＢＣという国際大会は、短期決戦であるから、いかに相手の弱点を早く見出して対処するかが勝負を決める。

私が長年にわたって培ってきたＩＤ野球や野村ノートというものは、すべて「敵を知り己を知る」ためのものだ。その中核をなすものがデータである。まだ日本にデータという言葉もなければスコアラーという仕事もなかった時代から今日まで、いかに正確なデータを集め、それをどう分析して作戦を立てて遂行するかというのが私の野球人生のすべてだったと言っても過言ではない。

私が監督を務めた球団は、いずれも最下位が定位置の弱小チームばかりだった。乏しい戦力で、豊富な戦力を有する相手と戦うためにはどうするか。そのために考え出したのがＩＤ野球であり、野村ノートだった。つまり、敵を知り己を知って戦うということを具体化したのが、データを集積し分析することであり、それによって、人的補強にも劣らない戦力補強となったのだ。

では、侍ジャパンが東京五輪で金メダルをとるためには何が必要か。もし私が監督だったら何をするか。敵を知り己を知ることから始めるのは言うまでもない。まず敵を知るための情報が重要だ。つまり、侍ジャパンには、有能なスコアラーが絶対に欠かせない。対戦相手のデータをできうるかぎり正確に綿密に集めてくることができる目利きのスコアラーを選ぶことは、コーチの人選以上に大切だと言ってもいい。

侍ジャパンは、日本のオールスター選手を集めて戦うのだから、選手自体の戦力は整っている。それだけの戦力があれば、敵を知り己を知りさえすれば、まさに百戦危うからずの戦いができるはずである。

侍ジャパンの監督として「己を知る」ということは、ズラリと揃えた選手の特徴と武器を把握して適材適所の布陣を作ること。そこから「このチームの強みは何か。弱点は何か」を見極め、「この布陣で戦うには、どういう戦術戦略が可能なのか」を考え、「侍ジャパンは、世界を相手にこういう野球をやっていく」という方針を打ち出し、それを選手、コーチに浸透させる。

そして、侍ジャパンの監督として「敵を知る」ということ。スコアラーが集積したデータを徹底的に分析して、相手チームの特徴、選手個々の長所短所を見つけて攻略法を考える。同時に「この相手には、わがチームとして、こういう戦術戦略を用いることがベストだ」ということをチーム全員に浸透させる。

私は選手時代、キャッチャーとして、次に対戦する相手バッターのデータを分析し、味方の先発ピッチャーの配球をどうするかを考えながらシミュレーションの試合をした。そして、それを踏まえて実戦に臨む。試合が終わってからは「あの場面は、あれでよかったが、その次の場面はこうしたほうがよかった」という反省をしながら、頭のなかで再び試合をした。つまり、毎試合ごとに想定野球、本番、反省野球の3試合を行った。1シーズン130試合の時代は毎年、そうやって390試合を重ねていたわけだ。

監督になってからは、そこに自軍の攻撃も加えた想定野球を行った。相手チームのピッチャーを中心とする守備陣やベンチワークを想定して、試合をする。それを踏まえて実際の試合に臨み、試合後はまた反省する。そうやって毎日、3試合ずつ行った。それはすべて、敵を知り己を知って戦うためのものだった。そのときに毎回、絶対に欠かせないのはスコアラーが収集してきたデータである。

そもそも日本の球団には、スコアラーという職種はどこにも存在しなかった。その先駆けは私が南海ホークスの選手だったときの尾張久次さんであろう。尾張さんは野球経験者ではないが、毎日新聞の記者だった彼を鶴岡監督が雇い入れた。毎年、契約更改のときに選手を査定するための資料を作って鶴岡監督に提出するのが役目だった。

まだ私がレギュラーになったばかりの頃、尾張さんが作っている資料を何気なく見せてもらうと、そこには非常に興味深い内容が記されていた。バッターの成績の欄にボールカウントや結果が細かく書き入れてあり、ピッチャーの成績の欄に記された内容も興味深いものだった。私は「これは次からの試合に活かせる」とピンときた。

　そこで次の試合から、私の打席で相手ピッチャーがどういうボールカウントのときにどんな球種を投げてきたかを細かく記録してもらった。すると、ボールカウントによってピッチャーがどんなボールをどこに投げてくるかという傾向がはっきりと見えてきた。つまり、その記録に表れていることを分析すれば、相手ピッチャーの配球の傾向が見えるのだ。

　たとえば、私のホームランを警戒している相手ピッチャーは「2ボール0ストライク」「3ボール1ストライク」といったバッター有利のカウントでは100%インコースには投げてこないということがわかった。インコースのボールが甘くなってホームランを打たれるのだけは絶対に避けたいからアウトコースに投げてくる。それがわかれば、こちらはそういうカウントでは外角だけを狙っておけばいいというわけだ。

「そうか。相手バッテリーは、ボールカウントによって投げるボールが変わってくるんだな」

　そんなことを教えてくれる人は、まだどこにもいなかった。

「待てよ。ボールカウントって、何種類あるんだ？」

そこで初めて考えた。

「0ボール0ストライク。1ボール0ストライク。2－0。3－0……。そうか。12種類あるわけだ……」

そこで改めてよく考えてみると、ボールカウントによってピッチャー心理はまったく変わってくるし、バッター心理もまた変わってくる。どういうカウントでどういうボールを狙うかというのも考えれば考えるほどわかることがあるし、尾張さんに細かく記録してもらったノートをよく見れば見るほど浮き彫りになってくることがある。

そういうことに気づくと、相手ピッチャーの配球を読んで自分のバッティングに活かすこともできるし、相手バッターの傾向を調べて配球を考えて打ち取ることもできる。そのときから、私はどういうことに着眼して、どう相手を観察して記録すれば攻略に役立つのかを一生懸命に研究した。観察して記録して分析して傾向と対策を見出すこと。つまり、後に私が打ち出したID野球の原点である。

私が尾張さんのノートを見てから研究を始めたのが60年前。その30年後にヤクルトの監督になったときにID野球を打ち出した。それからさらに30年の月日が過ぎて、いまや野球においてデータが重要だということはだれでも知っている。

しかも、時代とともにテクノロジーの進歩によって、コンピューターや映像を駆使したデータ解析が進み、各データの量も質も進化している。そうやって、ひと通りだれもが似たようなデータを入手できるということは、どのチームも差がつかなくなってしまったように思われるかもしれないが、そんなことはない。

優秀なスコアラー起用が必勝の条件

いまは野球専門のデータ会社があるぐらいだから、いつでもだれでもプロ野球全球団の細かいデータを入手できるようになった。しかし、そういうデータから何を読み取るかという分析力で差がつく余地はまだまだ残っている。敵を知り己を知って戦うという意味では、敵のデータを見ても、それにどう対策をするのがベストかという判断力の面でも大きな差が出てくる。

さらにそれ以上に差がつくのは、そうしたデータではカバーされていない独自のデータにこそデータとしての本当の価値がある。自軍のスコアラーが足と目で集めてきたデータのなかにこそ、敵を知り己を知って戦うための重要な情報があるのだ。

どんな仕事でもそうであるように、同じ任務を任せても能力には優劣があるし、その成果には出来不出来がある。やはり同じスコアラーと名がつく人でも、優秀な人もいればそうでない人もいる。スコアラーに必要な観察力と洞察力、調査力と分析力があって、知識と経験を備えた人がいるチームこそが「百戦危うからず」に近づけるのだ。

とくに侍ジャパンは、初めて戦う相手との試合を重ねるわけだから、スコアラーがどれだけ事前に有効なデータを集めてくるかが、きわめて重要だ。海外の有力選手の正確なデータを持ってくる情報収集能力のあるスコアラーを、速やかに選任しなければいけない。国際大会の経験も豊富で、メジャーリーグや諸外国のチームの傾向と対策にも通じているスコアラーが必要だ。

第4回WBCでアメリカとの準決勝に1対2で敗れた試合に入る前に、どれだけ相手のデータを収集できていたのか。どれだけそれを的確に分析して攻略法を見出していたのか。ああした1点を争う試合では、細事小事が非常に大切になってくる。そういうところに目が行き届くコーチがベンチにいたのか。そして、細事小事に目が行き届くスコアラーが有力なデータを報告していたのか。僅差の試合の勝敗を分けるのは、そういう目に見えない部分の積み重ねなのだ。

あのアメリカとの試合は、改めて日米の選手のパワーとスピードの差を痛感させられるものだった。そういう目に見える力の差を補って勝つためには、目に見えない力、つまり無形の力を総動員して戦わなければいけない。速いボールを投げる力とかボールを遠くに飛ばす力という目に見える力ではかなわない相手には、観察力、洞察力、判断力、分析力といった無形の力を発揮して勝つしかない。その急先鋒が対戦するチームの試合を観戦し、事前に情報収集や分析を行う先乗りスコアラーなのだ。

第4回WBCでは、ヤクルトのスコアラーである志田宗大が侍ジャパンのスコアラーとして活躍していた。それが1次リーグ2次リーグまでの勝因の一つだったといえるだろう。とくに強豪キューバに対する分析は目を見張るものがあり、小林誠司の同点タイムリーや山田哲人の勝ち越しホームランは「このピッチャーは初球からスライダーを狙っていこう」という志田スコアラーのアドバイスがあってこそのものだったようだ。こういう優秀なスコアラーがいるのは心強い。NPBは、こうした球界トップクラスのスコアラーをどんどん海外視察に派遣して、いまから東京五輪に備えさせるべきだ。

勝負の8割はバッテリーが握っている

戦いの鉄則は、敵を知り己を知るということだ。それはどんな勝負事でも大切なことであり、プロ野球であれ、国際大会であれ、まったく同じだ。侍ジャパンも、当然、その鉄則に従って戦わなければならない。その素となるのがスコアラーのデータだというのは、これまで述べた通りである。

そして、そのスコアラーが万全を期して揃えたデータをもとに、いざ戦いに臨む。そこで最大のキーマンとなるのは、バッテリーである。「野球の勝敗の7～8割はピッチャーが握っている」と言われるが、データや配球を考えて相手バッターを打ち取るという意味においては「勝敗の7～8割はバッテリーが握っている」と言うべきだろう。

相手バッターの傾向と対策を考えて配球を組み立てて攻略する。裏を返せば、相手ピッチャーの傾向と対策を考えて攻略する。野球とは、その裏表でできているが、それでもなお、バッテリーにかかる比重のほうが大きい。野球とは、相手打線を0点に抑えれば100%負けることはないスポーツだからである。逆に言えば、味方打線がどんなに点を取っても、バッテリーがそれ以上に点を奪われてしまえば負ける。要は、点さえ取られなければ絶対に負けないというのが野球の本質なのだ。

ところが、人間は楽をしたいという本能を持っている。必死に苦労して相手を0点に抑えて1対0で勝つというシビアな試合よりも、9点でも10点でも、とにかく大量点を取って楽に勝ちたいという欲求がある。

そこで、往々にして超攻撃的な打線を作ろうとする監督がいるが、トップが楽な方向を目指したら組織はダメになる。かつて巨人が各球団の4番バッターばかりをごっそり集めても勝てなかった例を見ればわかるように、人間、欲張ったらろくなことにならない。たとえ苦しい道であっても、1対0で勝てる野球を目指していれば、そういうまちがいは起こさないのだ。

とくに日本シリーズやクライマックスシリーズといった短期決戦では、いかに相手打線を0点に抑えるか、少なくとも最少失点に抑えるかということが最重要課題になる。侍ジャパンの戦いは、東京五輪にせよＷＢＣにせよ、短期決戦を制することが使命なのだから、スコアラーとバッテリーを強化しなければ勝利は望めない。「点を取られたら取り返せばいいじゃないか」という大雑把な野球は短期決戦では通用しない。「いかに点を与えないで勝つか」というテーマに重点を置いてチーム作りを考えなければならない。

国際試合は捕手の頭脳が勝敗を決める

プロ野球の場合、長いペナントレースを戦ううえでは、投手戦もあれば打撃戦もある。エラーで試合を落とすこともあるし、相手の拙攻のおかげで勝ちを拾うこともある。そうしたさまざまな展開の試合をしながら、１シーズンのトータルで他チームを上回ればいいというのがプロ野球の戦いだ。

そこでは、「今年のチームはリーグナンバーワンの投手陣を中心に戦う」というチームがあったり、「強力打線で打ち勝つ野球を目指す」というチームがあったり、「小粒なチームだけどスモールベースボールで勝ってやる」というチームがあったりというように、その時々の戦力や監督やチームカラーによって戦うのもまたプロ野球の醍醐味であろう。歴代の球団には、「阪神のダイナマイト打線」「近鉄のいてまえ打線」のような打線の破壊力を売りにするチームがあったり、「投手王国」と呼ばれるチームや、手前味噌ながら「ＩＤ野球」というインサイドワークを武器に戦うチームもあった。

しかし、日本シリーズという短期決戦においては、どんなチーム同士の対戦であれ、「いかに相手打線を抑えるか」が勝敗を決する。そこで、日頃はあまり対戦のないピッチャーやバッターをどう攻略するか。有力なデータを集めて分析し、それをキャッチャーは自分の頭に詰め込んで、1球1球サインを出してピッチャーをリードして相手打線を封じようとするのだ。

だから、日本シリーズは、しばしば「キャッチャー対決」などと呼ばれてきた。両チームのキャッチャーはシリーズに備えて、穴が開くほどデータを見つめて相手の各バッターの弱点や特徴をつかみ、味方ピッチャーの特徴を考えて傾向と対策を分析して攻略法を考える。みなそうやって、開幕前から頭が痛くなるような思いをしているのだ。

そして、本番が始まったら毎試合ごとにその攻略法が正しいかどうかを検証して、必要に応じて修正しながらマスクをかぶり続ける。日本シリーズに出場したキャッチャーたちは、そうやって胃が痛くなるような思いをしながら相手バッターの後ろでしゃがんでいるのだ。

だからこそ、日本シリーズを制する球団には歴代、かならずいいキャッチャーがいた。古くは巨人V9時代の森祇晶、西武黄金時代の伊東勤、ヤクルトが連覇を達成したときの古田敦也、中日が優勝を重ねていたときの谷繁元信、南海時代の不肖野村克也といったキャッチャーは、日本シリーズが終わる頃にはゲッソリと痩せてしまうほど、寝ても覚めても配球のことばかりを考えていたのだ。

こうした経験が、いいキャッチャーを育てる。野球というのは本当に怖いスポーツで、たった1球で流れが変わってしまうことがある。日本シリーズの流れも、たった1球で勝利の行方が決まってしまう場合がある。そうした「1球の重み」を日本シリーズで知ったキャッチャーが、名捕手に育っていくのだ。

たとえば、私はある時期、口を開けば巨人の阿部慎之助の根拠のわからない配球に苦言を呈していたが、日本シリーズの経験を重ねるにつれて成長の跡が見られるようになった。だれかに理屈を教わるだけではわからないことを大舞台で身につけていったのだ。キャッチャーが配球のコツというものをマスターするには、失敗の許されない試合でマスクをかぶってサインを出して、痛い目にあったり何とか抑えたりという経験を繰り返すことが一番の薬なのだ。

キャッチャーとは、扇の要と言われるが、つまりは守備における監督代行である。ピッチャーをリードし、守備陣へ的確な指示を出し、失点を防ぐ。「相手に1点も与えず100%負けない野球」をするためには、いいキャッチャーの存在が欠かせないのだ。

私は監督としてチーム作りをするときに「いいキャッチャーを育てればチーム作りの半分は達成」とさえ考えていた。ヤクルトでは古田。阪神では矢野燿大。楽天では嶋基宏。彼らが一人前のキャッチャーになるための指導ができさえすれば、私の監督としての仕事の半分は終わったも同然なのだ。

そこで、キャッチャー育成にあたって、練習中に指導するのはもちろんのこと、試合中のベンチでもつねに彼らを私の隣に座らせて、配球やキャッチャーの役割について話をした。

野球場のベンチというのは、ただ休憩する場所ではなくて、試合の流れのなかで次に起こり得ることへ備えるための場所であり、監督やコーチが選手に現場教育をするための場所なのだ。どんな猛練習よりも実戦こそが生きた教材であり、試合こそが野球の勉強をする最高の場所なのだ。

試合中、目の前で1球ごとに変わっていく展開をどう読んで、どう見て、どう感じて、どういうプレーをするか。それを指導していかなければいけない。ピッチャー心理やバッターの狙い球に対するキャッチャーの備えということについて、彼らが何を考えているか。どんな理解をしているか。それを彼ら自身の口から聞き出し、その答え合わせをしたり、アドバイスを与えたりした。いつでもキャッチャーをすぐ隣に座らせて試合を一緒に見るようにしていたのは、そのためなのだ。

古田や矢野や嶋は、さぞや、うるさいオッサンの隣にいるのは苦痛だったろうが、それは若いキャッチャーが一人前になっていくための通過儀礼のようなものだった。

「さっきのおまえの配球の根拠はなんや?」

「……」

この「……」が明瞭な根拠で埋まるまで、私は毎試合、問答を続けた。根拠なきプロセスに成長なし。そして、野球は失敗のスポーツである。打者は7割の失敗で3割打者となる。バッテリーは3割の失敗をどうやってそれ以下にしていくかを考えることによって成長する。

「失敗」と書いて「成長」と読む。ただし、根拠なき失敗に成長はない。その失敗にも根拠さえあれば、私は一切、文句を言わない。だが、根拠のない失敗だけは容赦しなかった。

「その根拠はなんや?」

きっと彼らはあの当時、夢のなかでも私にそう聞かれていたのではないか。それぐらいしつこい問いの積み重ねの末に、キャッチャーとして必要な観察力や洞察力、判断力や思考力を身につけていくのだ。

小林誠司は侍ジャパンに必要か?

侍ジャパンのキャッチャーは、短期決戦が宿命。1球たりとも根拠のないサインを出してはいけない。1球の重さ、1球の怖さを知っている選手でなければ務まらない。東京五輪で金メダルを獲得できるかどうかは、そのときマスクをかぶるキャッチャーにかかっていると言っても過言ではないだろう。

第4回WBCでは、当初、嶋がレギュラーキャッチャーとして有力視されていた。嶋という選手は、頭もよくピッチャーからの信頼も厚く、根拠のある配球を考えられるキャッチャーだ。しかし、唯一の弱点は気が優しすぎて弱気になりやすいことだ。だからついついアウトコース一辺倒の安全策をとりたがる。

なぜインコースのきわどいボールを要求しないのかといえば、バッターにぶつけたら困るし、自分が打席に入ったときに復讐されたら怖いという気持ちが根底にある。だから、インコースを厳しく攻められないのだ。

バッターは「このバッテリーはインコースを攻めてこない」と思えば、思い切って踏み込んで外寄りのボールを強くたたくバッティングができる。そこで、バッテリーとしてはインコースを打者に意識させるために、インコースに向かってボールになる球を投げておく必要がある。ただしインコースに投げたボールが甘く入ったら長距離バッターの餌食になってしまう。だからインコースに投げるときは、ボール球でいい。私の配球における持論は、「インコースはストライクを取るためのゾーンではなく、バッターにインコースを意識させるために厳しいボールを投げるゾーン」というものである。

嶋も頭では十分にそれをわかっているから、徐々にインコースの使い方がうまくなっている。「WBCでもきっといいリードをしてくれるだろう」と期待していたが、故障で参加できなくなってしまった。大谷翔平の不参加も残念だったが、嶋の不参加も侍ジャパンにとっては痛手だった。

そのぶんWBCでの小林誠司の活躍は目を見張るものがあった。巨人でマスクをかぶっているときとは打って変わって、配球もそれなりに根拠が感じられた。オーストラリア戦でストライクが入らなくなった岡田俊哉の様子を見てマウンドに飛んで行って激励し、立ち直りのきっかけを与えたところなどは頼もしい立派なキャッチャーだった。

小林がWBCでバッティングでも大活躍したのは、おそらく大会中、胃の痛くなる思いをして配球を考え、1球の重みを意識しながらプレーしたことが、バッティングにいい影響を及ぼしたからではないか。大事な試合の勝負どころで自分がピッチャーにどんなサインを出すかということが冴えてくると、バッティングにもそれが活かされて好結果につながってくるのがキャッチャーという人種なのだ。

小林は残念なことに巨人に戻ってからは、すっかり元の小林になってしまった。それは短期決戦の1球の怖さというところから解放されてしまい、妙に楽になってしまったからではないか。そこが小林というキャッチャーの甘さである。長いシーズン「全試合、全球、1球の怖さを思い知ってプレーしろ」と言われても簡単なことではないだろう。

しかし、ここぞというときに甘い配球をしたり、軽率なパスボールをしたりということが多い小林を見ていると、残念でしょうがない。何とかしてこの選手をWBCのときのような尻に火が付いた状態にしてやることができれば、きっといいキャッチャーになるはずだ。東京五輪の年に小林は30歳。キャッチャーとしては経験値と気力体力がちょうどバランスよく、まさに脂が乗った時期になる。そのときの小林にぜひ期待したいものだ。

キャッチャー人材難を吹き飛ばすヒーロー、中村奨成

いまのプロ野球界を見渡して、もっとも強く感じるのは、いいキャッチャーがいないということだ。プロ野球は監督の人材難と並んでキャッチャーの人材難に陥っている。その両方の仕事に野球人生のすべてをかけてきた私としては、いったいなぜこんなことになってしまったのかを問い直さずにはいられない。

監督の人材難については後の章で改めて触れるが、ここではキャッチャーの人材難について考えてみたい。

以前、私は少年野球の指導をしていたことがあるが、子どもたちにキャッチャーをやりたがらない傾向があるのは知っていた。とくに10年前ぐらいからその傾向が顕著になり、監督やコーチに「キャッチャーをやれ」と指名されないかぎり、自分から「キャッチャーをやりたい」と手を挙げる子はほとんどいなくなったということを少年野球関係者たちは声を揃えて言っていた。

「こりゃあ、もうすぐキャッチャーの人材難の時代が来るぞ」

私は当時からそう言っていた。案の定、いまのプロ野球には名捕手と呼べる選手が見当たらなくなってしまった。

どうして少年野球の選手たちがキャッチャーをやりたがらないのかといえば、「きつそうだから」だという。試合中、ずっと立ったりしゃがんだりするというのも大変そうだし、ボールが体にぶつかって痛い思いをするのはいやだというわけだ。

現代の日本人のライフスタイルのなかでは、しゃがむという姿勢がほとんどなくなった。畳での生活も、和式トイレもほとんど消えた暮らしのなかでは、しゃがむという行為だけでも重労働に感じられてしまうのかもしれない。

キャッチャーというポジションは、守備においては監督代行ともいえる重要な任務だが、そのぶんやりがいがあって面白いと私は思っていた。ピッチャーをどうリードして試合を作っていくか。こんな魅力的で楽しいポジションをやりたがらないというのは、きっとその楽しさに気づいていないからだろう。

スポーツには、強く、速く、大きく、思い切り体を動かすという楽しさもあるが、考えるという楽しさもある。野球は、頭を使って戦うところが面白いスポーツであり、キャッチャーというのはその楽しさをもっとも味わえるポジションだ。作戦や配球や状況判断がピタリと当たって勝ったときの喜びは、キャッチャーでなければ知り得ない。そういうことを大人は子どもたちにもっと積極的に教えてあげるべきだろう。

そして、子どもたちにとって、もっともわかりやすいのは、あこがれの選手の存在だ。「僕もああいう選手になりたい」と子どもたちに思われるようなヒーローがいれば、だれに言われなくても真似をしようとする。早い話が、子どもたちがあこがれるようなキャッチャーがいれば、「僕もキャッチャーをやりたい」という少年野球選手が続々と出てくるはずだ。

かつて長嶋茂雄にあこがれた子どもたちが「長嶋みたいな選手になりたい」と口々に言って、みんながサードを守りたがったときのように、「あの選手みたいなキャッチャーになりたい」というキャッチャーが、果たして、いまのプロ野球選手のなかにいるだろうか。

この頃そう嘆いてばかりいたところに、高校野球に素晴らしい人材が現れた。2017年夏の甲子園で、清原和博のホームラン記録を超える1大会6本を放った広陵高校の中村奨成である。強打者のキャッチャーというのは、なかなかいない。10年に1

人の逸材だ。だれもが待ち望んでいたキャッチャーのスター選手の登場は、日本球界にとって非常に明るいニュースである。

何より魅力的なのは、そのバッティングにも増して肩の強さである。

「キャッチャーは、一に肩、二に頭、三に性格」

私はよくそう言っていた。それほどキャッチャーにとって肩は重要だ。相手のキャッチャーが無類の強肩となれば、攻撃側の作戦は、足を使う面で大幅に制限されてしまう。味方のピッチャーにとっても、キャッチャーの肩が強いという安心感があれば、ランナーを出したときに余計な心配をしなくてすむ。心理的には、単にランナーを刺すという目に見えるプレー以上のアドバンテージになるのだ。

中村奨成の強肩は、イニングの合間ごとの二塁への送球練習だけで甲子園のスタンドを「おお!」と、どよめかせるほどだ。広陵高校の先輩である巨人の小林も球界屈指の強肩だが、おそらくそれ以上であろう。

頭と性格については、まだ判断材料がないが、インタビューやコメントを見るかぎり、さほど心配はなさそうだ。まだ18歳なのだから、これからの勉強次第で野球を覚えていくことはいくらでもできる。

キャッチャーに必要な性格は、責任感が強いこと。そして、女房役と言われる通り、ピッチャーを支えたり気配りしたりできる人間かどうか。ピッチャーという人種は「俺が俺が」という自惚れと、お山の大将のプライドが高い半面、すぐに傷ついたり自信をなくしたりする繊細な面を併せ持っている。そういう人たちをなだめたり励ましたり、ときにはおだてたりしながら上手にリードしていかなければ務まらない。そのためには、相手を立ててあげる度量と謙虚さが必要だ。

私はこう見えても、現役時代、女房役に徹していた。唯我独尊の「ピッチャー人間」を立てる献身的な「キャッチャー人間」だった。苦労して配球を考え、一生懸命にリードして、何とかしのいで勝った後に、ヒーローインタビューで得意げにしゃべっているピッチャーを見て、内心、「リードしたのはだれや？」と思うこともあったが、口には一切、出さなかった。

「キャッチャーは黒子。日陰者や」

そういう日々を送り続けているうちに、少しひがみっぽい人間になってしまったかもしれないが、少なくともバッテリーを組んだピッチャーたちには感謝されることはあっても恨まれるようなことはした覚えがない。

プロ野球の歴代のキャッチャーで、スター選手と呼ばれるような人のなかには、ピッチャーと同じぐらいに自意識が強い人もいる。それでも技術や素質があれば務まらなくもないだろうが、やはり、ピッチャー本位の立場で「どうすればピッチャーが投げやすいか」をつねに考えられるのが、いいキャッチャーの条件なのだ。

中村奨成が、たとえバッターとしてはスーパースターになったとしても、いったんマスクをかぶったときは、亭主を立てる女房であってほしい。

それにしても、バッティングのパワーは、目を見張るものがある。野球選手にとって、ボールを遠くへ飛ばす、速い球を投げる、足が速いというのは天性の才能だ。この3つは努力だけでは得られない。小林ばかり例に挙げて申し訳ないが、中村のあの天性の遠くへ飛ばすバッティングは、すでに小林を上回っているのではないか。いまはまだ高校生にありがちな、金属バット特有の「手打ちでも飛んでいく」というスイングになっているが、それを矯正して、下半身の力をしっかりバットに伝えることを身につければ、木製バットでも十分に長距離バッターになれるはずだ。

最近、期待されてプロに入ったキャッチャーが、すぐにコンバートされてしまうケースが多い。日本ハムの近藤健介や西武の森友哉が入団したときは、「楽しみな強打のキャッチャーが現れたな」と思っていたのに、いつのまにか野手になったりDHになったりしている。これはキャッチャーとしての能力が足りないからなのか。それともキャッチャーを育てる能力のあるコーチがいないからなのか。

各球団のコーチ陣の顔ぶれを見ると、「いったいだれがキャッチャーを指導してるんだ？」「この人にバッテリーコーチが務まるのか？」と思わざるを得ないところがある。せっかく中村奨成という逸材が現れたのに、またすぐどこかにコンバートされてしまうことがないように、どうかいいコーチと巡り会ってほしいと願っている。

大卒のキャッチャーが大成しない理由

プロ野球のキャッチャーについて、私には昔から一つの持論がある。

大卒のキャッチャーは大成しない。

プロのキャッチャーは高校から直接入団したほうがいいと私は思っている。ついでに言えば、ピッチャーも高卒のほうが大成すると考えている。18歳から22歳という野球選手としてもっとも成長できる大切な時期に、どういう4年間を送るかということは、その後の野球人生を大きく左右するのだ。

そういう大切な時期に、どういうチームで、どんな指導者に何を教わるかというのは、大きな問題だ。アマチュア球界にも立派な指導者がいるのはよく知っているが、そういう人ばかりではない。もちろん最近は、プロにも首をかしげたくなるようなコーチは少なくないが、アマチュアに比べればプロ野球界のほうが、たくさんの「大人の目」が光っている世界だから比較的まちがった指導は受けなくてすむだろう。

高校生がプロ野球に入れば、基本的にプロ野球という世界で長く生きていくための教育を受けることになる。球団としても、高校生を親元から預かって育て、末長く球団に貢献してくれる選手を育成するのが企業としての務めだ。そのために組織として「人・もの・金」を揃え、現場ではプロの指導者たる監督コーチが育成にあたる。

一方、大学の場合は4年間、社会人野球の場合は2年間プラスαという限定的な年数のなかで「勝つための野球」をする。そこでは、往々にして結果至上主義で選手を指導したり、「勝たんがためのまちがった野球」をしてしまったり、選手を長い目で見て育てていくことができない場合も多い。

あるいは、大学の場合、選手の自主性という名の放任主義の下で選手がまちがった野球を身につけてしまうこともある。本人さえ望めばプロに行けるような素質のある高校生が、指導者や環境のおかげで成長が止まってしまうのは、きわめてもったいないことである。

プロにも力量不足のコーチはいるが、少なくとも球団全体として高卒の新人に対しては「この子を長い目で見てあげよう」という土壌がある。なにしろ各球団には、18歳の若者から見ればオッサンとしか思えないような大ベテランがたくさんいる。そういう人たちがまだまだレギュラーとしてデンと構えているチームでは、きのうまで高校生だった子どもを慌てて使って勝つための野球をする必要性はない。だれがどう見ても即戦力の高卒ルーキーは別として、多くは育成期間というものがあり、その間に正しい指導を受けて一人前のプロ野球選手に成長していくための二軍というシステムがあるのだ。

いずれにせよ、20歳前後の大事な時期に正しい指導を受けなければ伸びる選手も伸びない。それどころか、そこでまちがったことを身につけてしまうと選手生命の危機にさらされてしまうこともある。とくにピッチャーとキャッチャーは、この時期に何をするかが重要なのだ。

ピッチャーの場合は、まだ年齢的に体が成長過程にあるから、プロのメディカルサポートを受けながらフィジカル面を鍛え、選手個々に適した正しいフォームを身につけるための指導が大切だ。それは、早く一人前のピッチャーになるための指導であるが、後々の選手生命にかかわる重要な問題でもある。鉄は熱いうちに打て。若い時期にしっかりとした指導を受けることが、長くプロ野球で活躍できるための土台作りになるのだ。

そして、実戦のマウンドに上がれば、バッターボックスに立っているのはプロのバッターである。大学や社会人のバッターには十分に通用するボールでも、あっさりと打たれてしまう。そういう厳しい環境で経験を重ねることが、この時期にはもっとも大切なのだ。

「こんなすごいバッターを打ち取るためには、もっといいボールを投げられるようにならなければいけない」ということを早い段階で身に染みて覚えることが、素質を磨いて大きく成長するための原動力となるのだ。

一方、高卒の新人キャッチャーは、プロのバッターがそうやってアマチュアとは比べ物にならないバッティングをするものだというのを目の当たりにして、大きな衝撃を受けることになる。「俺は、とんでもない世界に来てしまった」と逃げ出したくもなるだろう。そのショックが、入団後さっそく「自分はプロのキャッチャーとして生きていくためには何をしなければいけないか」ということに気づかせてくれる。

天才や怪物のようなバッターがどんなバッティングをするのか。実戦でマスクをかぶるようになって、そういうバッターの打席のすぐ後ろにしゃがんでミットを構えるという経験は、大学の試合では得られないものだ。18歳のキャッチャーが毎日「このバッターを打ち取るためにはどうすればいいか」ということを考えるときに、大学のバッターを相手にするのとプロのバッターを相手にするのでは、4年後、それぞれ、どういう22歳のキャッチャーになっているであろうか。それを思えば、私の持論に反対の人でも多少は理解してくれるのではないか。

もちろん近年では大卒のキャッチャーにもいい選手はいる。古田敦也も阿部慎之助も2000本安打を記録したほどの選手であり、もっともキャッチャーの力量が問われる日本シリーズを何度も経験し、日本一にもなっている。嶋基宏も日本シリーズで優勝しているし、小林誠司も侍ジャパンのレギュラーとして活躍した。

ただ、私としては、もし彼らが高校からプロに直接入っていたら、もっとすごいキャッチャーになっていたのではないかと思ってしまうのだ。

その意味では、久しぶりの逸材である中村奨成が高校からプロ入りするというのは歓迎すべきことだ。彼が若くして一人前のキャッチャーに成長していく姿を見守っていくことで、私の老後の楽しみが一つ増えた。

世界に通用するキャッチャーの条件

キャッチャーの素質として大切なものは、肩や頭脳に恵まれ、ピッチャーの女房役的性格を持っていることだと言ったが、実はもっとも重要なのは野球が大好きなことだ。野球のことを考え始めたらいつまでもずーっと野球のことだけを考えていられるほど野球が好きな人間が、一番キャッチャーに向いている。

たとえば、巨人のＶ９を支え続けた森祇晶などその典型だ。森が私の家を訪ねてきたときなど、２人で酒も飲まずに一晩中、朝まで野球の話を飽きずにしていた。キャッチャーというポジションは、考えることが山ほどあるので、野球も考えることもあまり好きではないという人はキャッチャーに向いていない。

野球というスポーツは、深く考えれば考えるほど面白いが、考えなくても野球はできる。何も考えなくても打てる天才もいれば、一生懸命に考えなければ打てない選手もいる。もっとも典型的な例が、「来た球を打つ」と言ってどんな球にも適応して打ってしまう天才、長嶋茂雄。そんな適応力などまったくないから配球を読まなければ打てない凡人が野村克也である。

私は長嶋茂雄という同年齢の野球人に現役時代は能力と人気の差を見せつけられ、監督になってからは戦力の差を見せつけられてきた。そのおかげで、恵まれた相手に持たざる者が勝つためにはどうすればよいかをつねに考えなければならなかった。そのなかで、相手をよく観察し、データを集めて分析して攻略する方法を考えるということに行きついたのだ。

現役選手としてマスクをかぶっていたとき、南海ホークスという球団は、強力な投手陣を擁して戦ったことは1シーズンさえなかった。唯一、私が入団5年目に立教大学から鳴り物入りで入団してきた長嶋の同級生、杉浦忠だけは最多勝をとれるピッチャーだったが、それ以外は正直、勝てるピッチャーはほとんどいなかった。相手バッターが来るとわかっていても打てないストレートを投げ、切れのいい変化球があり、キャッチャーは黙ってしゃがんでいればいいというピッチャーは、私の場合、杉浦ただ1人だった。

それ以外のピッチャーは、何とか配球を考えて抑えるしかない。一生懸命にデータを集めて分析して相手バッターを攻略する。「サイン通りに投げてくれれば何とか打ち取れる」という配球を考えて、やりくりしていくしかなかったのだ。

そうやって私がピッチャーをリードしているのを見て、当時、南海のチームメイトだった古葉竹織がこう言っていた。

「うまいこと抑えるもんだなあ。南海にいたピッチャーが他へ行ったらマイナス5勝だと考えておかないと、トレードするときはだまされてしまう」

この言葉は、私の27年間のキャッチャー人生のなかで、もっともうれしい褒め言葉だった。古葉は、南海で野村というキャッチャーのリードで年間10勝していたピッチャーが、野村のいない他球団に移籍したら5勝がいいところだと言っているのだ。

事実、トレードで出ていったピッチャーのなかには成績がガクンと落ちてしまった選手がいた。

南海の弱体投手陣を四苦八苦しながらリードしていたときは、巨人のような豊富な投手陣を見て心からうらやましいと思っていたが、このときに必死に考えて研究を続けたことが、後々まで活きた。引退後の評論活動でも大いに役立ち、それが監督人生につながり、ＩＤ野球につながった。そのおかげで、こんな爺さんになってもテレビや講演に呼んでもらい、いまだにこうした本を書くチャンスもいただけるのだから、「若いうちの苦労は買ってでもしろ」とはよく言ったものである。

ノムラが考える金メダルへの配球

キャッチャーが配球を考えてピッチャーをリードする場合、基本的な３つの考え方がある。
①ピッチャーを中心にリードを考える
②相手バッターを中心にリードを考える

③カウントや走者などの状況を中心にリードを考える
①の「ピッチャー中心」は、まずピッチャーの持ち球やコントロールや調子を基準に考えて、どういうバッターが相手であっても打ち取れる確率の高いセオリー通りの配球をしていく。
②の「バッター中心」は、データによって分析した相手の長所や短所や傾向を基準に考えて、徹底して弱点を突いていく配球だ。
③の「状況中心」は、ボールカウントごとによる打者心理を考えたり、イニングや点差やランナーの状況を考えて、「長打警戒」とか「場合によっては歩かせて次打者で勝負する」というふうに文字通り状況に応じて配球をしていく。
この3つは、総合的な状況判断によって、併用していくことになるが、五輪やWBCのときのような国際大会は、②の相手のデータが十分に揃わないときがある。その場合は、試合の序盤は必然的に①のピッチャーの特徴を考えてセオリー通りの配球をしていくしかない。配球のセオリー、すなわち、私がいつも「原点」と呼んでいるアウトコース低めを中心に攻める。このコースはどのバッターに対しても、もっとも危険の少ないボールであるから、ここに投げておきながら、そのピッチャーが得意な変

化球を織り交ぜていくことになる。探り探り、相手の様子を観察して、狙い球やクセや弱点を見つけていかなければならない。ただし、中南米系の腕が長いバッターは、アウトローに対して肘が伸びた状態になり、打ちごろになる場合も多いので、そこには注意が必要だ。

配球を考える際、キャッチャーは、どうやってバッターの狙い球を見極めるか。ボールがホームベースの上を通過するときのバッターの反応に、かならずその答えが隠されている。右バッターを打席に迎えたときは、キャッチャーは、右目でボールを見て、左目でバッターの反応を見る。スタンス、踏み込む足の動き、左肩が開くかどうか。それを見ればバッターがどんなボールにタイミングを合わせて狙っているかがわかる。とくに変化球にどんな反応をするか。それによって、どんな球種を狙おうとしているかがわかる。

そうやって1球1球、バッターの反応を観察していくと、その打席のなかで、いろいろなことがわかってくる。どんな球をどんな反応をして見逃したか、どんな球をどんなスイングでファールにしたか、どんな球をどんなタイミングで空振りしたか。それをくまなく見ていれば、次にどんなボールを狙っているかが見えてくる。

さらに、この打席のなかで1球ごとにボールカウントが変わるわけだから、そのカウントによる打者心理を思い起こせば、「こんなボールを狙ってくる」「どんなボールでも振ってくる」「待ってくる」ということが予測できる。

そして、この打席の結果がどうだったか。それをちゃんとインプットしておけば、この打席のすべてが次の打席に活かせる有力なデータとなって蓄積していく。どんなボールにタイミングが合っていて、どんなボールにタイミングが合っていなかったか。インコースのストレートに対して、詰まっていたか、それとも開きが早かったか。あるいは、しっかり打ち返したか。変化球に対して反応していたか、タイミングは合っていたか。選球眼はよかったか、悪かったか。そういうことを考え合わせると、弱点が見えてくる。

2打席目以降の対戦では、前の打席の決め手となったボールを次の打席でどう活かすかがポイントだ。「前の打席にどういうボールで打ち取られたか」「前の打席にどういうボールをヒットにしたか」。たとえば、前の打席でストレートをヒットにしたバッターは「次はストレートで来ないだろう。変化球で勝負してくるはずだ」と思っていることが多い。そこで、初球にストレートでストライクを取ると、バッターは「あれ？」と思う。そうなると、この打席はバッテリーの思うつぼだ。ストレートで追い込むこともできるし、その後、変化球のボール球で誘うこともできる。

こうしてわずか1～2打席のデータでも観察力と洞察力さえあれば、3打席目4打席目という終盤の勝負どころで、相手の弱点や傾向が見えてくる。そうなると、私が常々言っている「打者の4パターン」に当てはめて攻略していくこともできる。

バッターは4パターンに分けられる。A型：常にストレートを意識しながら変化球にも対応する。B型：外角か内角かコースに絞って打つ。C型：引っ張るか流すか、打つ方向を決めて対応する。D型：球種を読んで狙いをしぼる。

そして、追い込まれるまではD型で待って、追い込まれた後はA型というふうにカウントによって、待ち方を変えるバッターも多い。この4パターンを見極めて配球することは、どんな場合にも有効であるから、先乗りスコアラーがデータを収集しに行くときには、あらかじめこの分類を意識しておくことが大切だ。

バッターの弱点がわかれば、配球は格段に楽になる。インコースが苦手なバッターには、アウトコースを見せ球にしてインコースで打ち取る。緩い変化球が苦手なバッターには速い球を見せ球にして変化球で打ち取る。基本的にどんなときでも、配球は、このように対となる2つのボールの組み合わせである。常々私が「4ペア」と呼んでいる「アウトコース・インコース」「高・低」「緩・急」「ストライク・ボール球」を組み合わせて配球する。「インコースのシュート系のボールで内野ゴロに打ち取るために外のスライダーを見せておく」というふうに、このピッチャーのどの球でこのバッターを打ち取るか。その根拠となるものが、データであり、そのデータを応用してバッターを攻略していく方法論が「バッターの4パターン」であり、「4ペア」である。キャッチャーは、そうした根拠と方法論をつねに意識していなければならない。

日本のキャッチャーの構えは球種がバレやすい

日本のキャッチャーとメジャーリーグのキャッチャーには、技術的な面でいくつかの違いがある。

たとえば、日本のキャッチャーはサインを出した後、アウトコースに要求したのならばアウトコースに体ごと寄って、そこでミットを構える。インコースのサインを出した後は、体ごとインコースに寄ってミットを構える。これはピッチャーがミットを目標にして投げるための構えなのだ。

メジャーリーグのキャッチャーは、どちらかというと、日本のキャッチャーほど極端にコースに寄ることをしない。ピッチャーは、ミットを目標に投げるのではなく、キャッチャーの膝や肩を目標物にして、そこに向かって投げるという方法をとっていることがある。右バッターを迎えた場合、インコース低めのサインだったら、キャッチャーの左ひざをめがけて投げる。アウトコース低めに投げるときは、キャッチャーの右ひざに向かって投げるというふうにして、キャッチャーが体ごと投げるコースに寄って構えるということをあまりしない傾向がある。

これは、日米のどちらがいいかといえば、バッターに次のボールを予測しにくくするという点で言えば、明らかにメジャースタイルのほうがいい。サインを決めた後にキャッチャーがインコースやアウトコースにはっきりと寄ってしまうと、そこにピッチャーが投げてくるということがバレてしまう。つまり、バッターはインコースが来るかアウトコースが来るかを容易に予測して待ち構えて打つことができる。

ある時期から、ルール上、ランナーやコーチャーがバッターにコースや球種を伝えようとする行為は禁止されているが、チームによっては、ベンチからの暗号じみた掛け声などでバッターにコースを教える場合がある。

事実、私はヤクルト時代、ルール上、許される範囲でベンチからバッターに声をかけてコースを教えていたことがある。いまは、そういう行為は禁止されているが、そもそもキャッチャーがあからさまにインコースやアウトコースに体を動かせば、バッターは気配を感じるはずだ。その気配によって、「次はインコースが来るぞ。それを狙っていこう」ということが容易にできるではないか。

そうしたキャッチャーの動きによって球種がわかってしまうというのも、よくあることだ。たとえば、第4回WBCの強化試合での小林の構えで、私ははっきりと球種を言い当てたことがある。小林はストレートを受けるときには、右ひざを地面につけて構えていて、フォークボールを受けるときには、ひざをつかずに正面を向いてしゃがんで構えていた。ストレートは片膝をついても十分に捕球できるが、フォークボールはワンバウンドになる可能性も高いので、どこにボールが来ても止められるようにひざなどつけずにどこにでも動きやすい構えをしていたのだ。

私がテレビでその話をしたら、次の試合から小林の構えはどの球種でも同じに見えるように変わっていた。きっとテレビを見ていただれかが小林に伝えたのだろう。見る人が見れば、キャッチャーの癖やピッチャーの癖によって、事前に球種がわかってしまうということがあるから、注意しなくてはいけない。

日米のキャッチャーの構えの違いで言えば、日本のキャッチャーも、あからさまに寄るということはしないほうがいいと思うが、日本のピッチャーには「キャッチャーのひざや肩を目標にするというのは投げにくい。投げるコースにミットを構えてほしい」という人が多いので、どうしても体を寄せて構えるキャッチャーが多くなるのだ。

第3章

メジャーに勝つ日本の武器

オリンピックの舞台に立つ意味

来年の話をすると鬼が笑う。昔の人はよくそう言ったものだが、最近の日本人を見ていると、何かと言うと「2020年の東京五輪」と言う。3年後に世界最大のスポーツの祭典を自国開催することで、1964年東京五輪がそうであったように、世界の注目を集めて盛り上がろうというわけだ。

前回の東京五輪のことは、もちろんよく覚えている。マラソンのアベベや体操のチャフラフスカといった世界のトップ選手が日本にやってきて大活躍してみせたことに感動したと同時に、東京に立派な建物や高速道路がたくさんできて、「日本もずいぶん豊かな国になってきたもんやなあ」という感慨があった。

私たちの世代は、戦後の貧しい時代のなかで育ち盛りの時期を過ごした。何よりも食糧難が辛かったから、日本が徐々に豊かになって、アメリカ人が食べているような肉やケーキを食べられるようになってきたことが一番うれしかった。

1964年という年は、私にとって4年連続ホームラン王と3年連続打点王を獲得できた年だった。10年選手になっていた28歳の私は、自分のお金で好きなものを腹いっぱい食べられるようになっていたが、プロ入りしたばかりの数年間は、まだまだ食うや食わずだった。給料7000円は同年齢のサラリーマンと比べて決して多いものではなかったし、そこから母に少しばかり仕送りをして、寮費を払ったりバットを買ったりすると、たいして手元には残らなかった。

プロ野球選手は食べるのも仕事だと思っていても、外食に出かけるお金などない。先輩に「おい、飯食いに行くぞ」と誘ってもらうことが何よりうれしかった。それが目的で先輩の部屋の掃除を手伝うこともあった。

京都の田舎町の貧しい母子家庭で生まれ、女手一つで育てられた私がプロ野球選手になったのは、一にも二にもお金持ちになりたいからだった。「病弱な母に家を建てて楽な暮らしをさせてあげたい」好きなものをお腹一杯食べられる生活がしたい」という思いは、学生時代はもちろんのこと、プロに入団した当初も同じだった。

いつもお腹をすかせていた19～20歳の野球選手が毎日、寮で食べる食事といったら、粗末なものだった。いまの選手が見たら「これが本当にアスリートの食事ですか？」

と驚くに違いない。なにしろ、肉なんてめったに出てこない。先輩に食事に連れて行ってもらって肉をごちそうになったときに、夢中でむさぼり食っていた自分の姿を思い出すと、我ながらいまでも泣けてくる。

いまのプロ野球選手たちが、いとも簡単に時速150キロのボールを投げるようになったのはなぜかとよく質問されるが、私は真っ先に「食べ物がいいから」と答えているほどだ。科学トレーニングの成果とか技術的な問題など、いろいろな要因はあるだろうが、私の実感として、「いいものをたくさん食べているから」ということに勝るものはない。大谷翔平が165キロの速球を投げ、特大のホームランを打てるのは、あの恵まれた体が最大の要因だ。近くで見ると、惚れ惚れするような体つきをしているので、思わず「いいケツしてるなあ」と触ってみたほどである。

そういう平成の子どもたちとは大違いの貧しい戦後に生まれ育った若者にとって、五輪というのは別世界のものだった。当時の五輪には野球という競技がなかっただけでなく、「五輪はアマチュアスポーツの祭典」であり、私にとっては、お金を稼げる場所ではない。「メダルをとっても1円ももらえないんじゃ意味ないわ」と思っていた。「花より団子」の田舎の貧しい青年にとって、五輪はあこがれの場ではなかったのだ。

そういう育ち方をしてしまった私は、「五輪＝野球」という図式がすぐには飲み込めなかった。五輪に野球競技が加えられて日本代表チームが出場するようになっても、あくまでもそこはアマチュア野球の場だった。それがプロアマ混成チームでの参加という形になり、アテネ五輪では、プロ野球選手のみによる日本代表チームが編成された。それは「ドリームチーム」と呼ばれ、監督には長嶋茂雄が就任した。ここにきて日本中に「長嶋ジャパンで金メダルを」という気運が生まれたのだ。

長嶋監督は、国民の期待を一身に背負い、我々球界関係者も大いに期待したが、五輪に挑む前に病に倒れてしまった。あれだけプレッシャーに強く、ファンの期待が大きければ大きいほど張り切っていたはずの男がこうなってしまうというのは、五輪と日の丸の重さというのは、きっと計り知れないものがあるのだろう。

その後、北京五輪で星野監督がメダルを逃したときの沈痛な表情は、見ているこちらが辛くなるほどだった。そういう先輩たちの苦悩をよく知っているはずの稲葉監督は、おそらく「だからこそ東京五輪で雪辱を」という思いが強いのだろう。人一倍、責任感の強い稲葉が背負うものの重さを考えると、胸が痛くなってくるが、せめてこの本を少しぐらいは侍ジャパンの力になれるようなものにして、これを稲葉監督に届けるとしよう。

日米の差は縮まったのか？

侍ジャパンが世界一になるためには、なんとしてもベースボールの本国であるアメリカを倒さなければいけない。東京五輪が開催されるのは、メジャーリーグ開催期間中の夏場であるからメジャーリーガーが参加する可能性は低いようだが、いずれにせよ、侍ジャパンは「打倒アメリカ」の旗を高く掲げなければ本当の世界一にはなれない。第４回ＷＢＣ準決勝での日米対決を見るかぎり、アメリカが本気になったら日本は、そうそう勝てない。

私は昔から「いつか野球でアメリカを倒したい」という思いを持っていた。日本はアメリカに戦争で負けて人も国土もボロボロになり、復興のために多くの人たちが大変な苦労をした。私の家も、ただでさえ貧乏なのに、ますます母は苦労をさせられた。

もちろん私もたくさん辛い思いをした。

「アメリカ人に負けてたまるか」

私の胸の奥には、子どもの頃からそういう気持ちがあったのだ。だから、野球でもアメリカに負けるのは非常に悔しい。いつまでも「日本は、まだまだアメリカには勝てない」とあきらめているのは悔しいし、「日本のプロ野球は永遠にメジャーリーグに追いつくことなどできない」と言われるのは癪に障る。だいいち、メジャーリーグの優勝を決める試合をワールドシリーズと言っている傲慢さが昔から気に入らなかった。あれは「USAシリーズ」であって、ワールドシリーズでも何でもない。

「メジャーリーグで優勝したチームが世界一」と勝手に決めつけて、ずっとそれを信じて疑わず、「日本なんて、マイナーリーグ以下だ」と完全に見下ろしている態度に腹が立つのだ。

「こうなったらアメリカを倒すしかない」

私はいまでも本気でそう思っている。日本の有力選手が次々にメジャーリーグに流れていってしまうのは、だれの目にも「メジャーリーグのほうがレベルがずっと上」だからである。もし日本とアメリカが本気で戦って、日本が勝ったらどうなるか。

「なんだ。日本のほうが強いじゃないか」ということになって、日米の立場は逆転する。日本に倒されたメジャーリーグなどよりも日本のプロ野球のほうが上だという価値観に変われば、わざわざ日本選手がアメリカに行って野球をすることもあるまい。

とは言うものの、現実には、日米の力の差は歴然としている。第４回ＷＢＣでのアメリカ戦で、接戦に持ち込んだとはいえ、完全に力負けしたのを見れば、アメリカのほうが強いと認めるしかない。「あのアメリカ戦は十分に勝てるチャンスがあった」という声も国内にはあったが、第三者に言わせれば「日本は善戦した」ということなのだろう。だれがどう見ても、スピードとパワーでは日本は到底アメリカにはかなわないのだ。

昔から日本の柔道には、「柔よく剛を制す」という言葉がある。体格もパワーも上回る相手を倒すことができるのが日本の柔道だという教えだ。ところが、１９６４年東京五輪で、日本柔道はオランダのヘーシンクという大男に敗れて金メダルを失った。それでもなお、侍ジャパンがアメリカに勝つためには、柔よく剛を制すという考え方で戦うしかないだろう。

では、「剛のアメリカ」に「柔の日本」が勝つためにはどうするか。それはやはり、

「弱者が強者に勝つためにはどうするか」という私の長年のテーマのなかにいくつかの方法論を見いだせるはずである。

私が南海ホークスのチームメイトだったブレイザーに「本場アメリカのベースボールとはどういうものか」という話を聞かせてもらった日から、半世紀の月日が過ぎた。あの日、遠征のたびに毎晩、ブレイザーと一緒に食事に出かけてメジャーリーグの戦法やシンキングベースボールを披露してもらうたびに「すごいもんやなあ。アメリカ人は、そこまで考えて野球をやっとるのか」と感心していた頃といまでは、どれだけ日米の差は縮まったのだろうか。

私の実感では、考える野球や戦術戦法という面では、もはやほとんど差がないのではないか。メジャーリーグのベンチに入ってみたわけではないので断定はできないが、ネット裏で見聞きしているかぎりでは、細かい野球という部分では、日本のほうが上なのではないか。いわゆるスモールベースボールという観点では、すでに日本が優位に立ったと思っている。

パワーとスピードの面では相変わらず圧倒的な差があるが、そのぶんアメリカは力まかせだったり、スピードに頼ったりという部分も多々見られる。たとえば少々コントロールが狂ったり配球ミスをしたりしても力で押し切ってしまう。あるいは、考える走塁は足りないけれど、そのぶんスピードでカバーしてしまう。そういう荒っぽさが垣間見える。

その点、日本選手は力任せにもできないし、スピードに頼ることもできないから、細かいプレーや頭を使った野球を決しておろそかにできない。つまり、スモールベースボールを磨き続けてきたことで、アメリカの野球よりもさらに緻密で隙のない「考える野球」ができているのだろう。

そう考えれば、日本がアメリカと戦うときの「柔よく剛を制す」という理想を実現するための戦法は、やはりスモールベースボールであり、頭を使った野球をすることなのだ。体格やスピードやパワーという目に見える力ではかなわないアメリカを倒すためには、目に見えない力が重要なポイントになってくる。無形の力こそが侍ジャパンの武器なのだ。

弱者が強者を倒すためには無形の力が必要である。

私は長年、そう言い続けてきた。とくに楽天という寄せ集めの弱小球団の監督になったときは、毎日、それればかり言っていたほどだった。

巨人やソフトバンクのように選手個々の能力が高い選手がたくさんいる球団と戦うためには、無形の力を総動員して戦うしかない。観察力、洞察力、情報収集力、分析力、判断力、思考力、記憶力、感性といった目に見えない力を磨いてチーム力をアップする。スピードやパワーという目に見える戦力ではかなわない相手を倒すには、無形の力を使うしかない。

「あれ？　打たれたわけでもないのに、いつのまにか点を取られている」という攻撃や「いつでも打てそうなピッチャーなのに、なぜか点が取れない」というピッチングや守備。そういう戦法を考えだしたり、選手に教えたりすることにかけては、「弱者の兵法」を得意とする私の専門分野だと思っていた。

だから、私に監督を頼んでくる球団は、最下位のチームばかりだった。楽天の創立1年目、田尾監督が記録的な大敗で最下位になったとき、私は家内にこう言っていた。

「こりゃあ、また俺のところに話が来よるで」

案の定、一度も面識のない楽天の球団幹部から電話があった。

「うちの社長が、ぜひお会いしたいと申しています」

「私なんぞに、そんな偉い方が何の御用ですか？」

「うちの三木谷はいま野球を一生懸命に勉強しておりまして、ぜひ野村さんのお話を伺いたいということです」

誘われるままに三木谷浩史社長と会って野球の話をしたが、その場では監督の「か」の字も出なかった。要は、面接試験だったのだろう。会って私を試したのだ。

その後、正式に監督の要請が来たわけだから、その面接には合格したということなのだろう。71歳の口うるさい老人によくぞ頼んだものだと感謝したが、その後、何とかクライマックスシリーズ出場を決めて喜んでいたそのとき、今度は「高齢」を理由に74歳で契約を打ち切られた。老人に手厚いのか、冷たいのか、いかにも不思議な球団であった。

ノムラの日本代表監督黒歴史

南海を皮切りに楽天を去るまで24年間も監督の仕事を務めさせてもらったが、この間、終始一貫、私が変わらなかったのは、毎年、「補強ポイントはピッチャー」ということだった。

野球は相手を0点に抑えれば100%負けないのだから、そのための最大のキーマンであるピッチャーを作らないことには始まらない。派手に打ち勝つ野球を目指して「10点打線」を作ったとしても、ピッチャーが11点とられたら負けてしまう。0点に抑える野球というのは辛く苦しいものだが、それを目指したチーム作りをしていけば、かならずチャンスはやってくるのだ。

1992年のドラフトは高校球界ナンバーワンのスラッガー、星稜高校の松井秀喜が最大の目玉だった。ヤクルトの編成部門も「松井秀喜で行きましょう」と松井1位指名を主張した。しかし、私は来る年も来る年も「ピッチャー補強」を最優先課題とした。この年も即戦力のピッチャーを1位にすべきだと思っていたので、社会人野球屈指の好投手、三菱自動車の伊藤智仁の獲得を主張した。その伊藤が松井を抑えて新人王を獲得、「0点に抑える野球」の投手陣の柱の1人となってくれたのだった。

どんなに強力な相手との対戦でも、こちらのバッテリーと野手とベンチが力を合わせて何とか0点にしのぐことさえできれば、絶対に負けない。そのうえ何とかして1点を拾えば、勝てることだってある。それが野球の面白いところだ。とくに一発勝負や短期決戦では、0点に抑える野球が得意なチームは番狂わせを起こすチャンスがある。再三述べてきたように、侍ジャパンがアメリカを倒すためには、そういう野球をするべきだ。

もっとも、口でそう言うのは簡単だが、あのメジャーリーガーたちのすごい体から繰り出されるパワーとスピードを目の当たりにすると、「こんなヤツらに勝てるわけないやろ」とボヤきたくもなる。

実は、2006年の日米野球で私が日本代表の監督を務め、メジャーリーグのオールスターチームと戦ったときは5戦5敗だった。まったく恥ずかしいことに1試合も勝てずに全敗のまま終了である。

少しだけ言い訳をさせてもらうと、日本のオールスター選手を集めて戦うはずが、故障による出場辞退者が続出して、始まる前から拍子抜けをしたところがあった。ピッチャーでは松坂大輔、ダルビッシュ有、斉藤和巳といったエース級が軒並み辞退。抑えの切り札の藤川球児も辞退。野手では岩村明憲、松中信彦、新庄剛志、福留孝介といった主力が続々辞退。シーズン終了直後で、みな疲労が蓄積しており、おまけに故障を抱えた身で無理をさせることもできないという球団の判断は当然だったと思うが、監督をする立場となると「え？　おまえもか！」と言い続ける日々だった。
「もう少し、世のため人のためという考えを持ってくれてもよさそうなものやけどなあ」

　思わずそうボヤいた。選手個々や球団の利害や損得を超えて、日本代表という誇りを持ってアメリカに立ち向かってくれる侍が正直なところ、もう少し欲しかった。

　しかし、これはそれぞれの立場の問題である。中日の監督だった落合博満が自軍の選手を日本代表に派遣しようとしなかったとき、世間から顰蹙を買ったが、落合の言い分は、ある意味、筋が通っていた。

「選手は球団と統一契約書にサインをして雇用された身だ。そこには日本代表のことは1行も書かれていないし、日本代表に参加する選手とＮＰＢが別途契約書にサインするということもない。これで選手がケガをしたら、いったいだれが保証してくれるんだ。俺は監督として球団から大切な選手を預かる立場として、選手をそういう場所に送り出すわけにはいかない」

　その通りというところもある。もし私が球団の監督という立場だったら、正直、「どうぞ、いくらでもうちの選手をお貸しします」とは言えないのではないか。とくに「ピッチャーはできるだけ出したくない」という気持ちになるだろう。

その反面、２００６年の日米野球がそうだったように、自分が日本代表の監督になったら、「自己中心的な考えでは日本球界の発展はない。日本のため球界のため、日の丸の下に結集せよ」と言うに決まっている。人間はみな自己愛で生きている。だれしも自分が一番大事だから、自己犠牲というのはもっとも難しいことなのだ。

しかし、だからこそ、それを乗り越えて世のため人のために生きられる人は尊敬を受ける。東京五輪で侍ジャパンが金メダルを獲得するためには、各選手と各球団が本物の侍の精神を持って稲葉監督の下に結集できるかどうかにかかっているのだ。

日本代表のモチベーションを上げる第3の方法

世のため人のための侍ジャパンと言っておきながら、ここであえて下品なことを言わせてもらえば、金メダルを獲得したら報酬をはずむべきだと私は思っている。自己犠牲や名誉や侍精神だけでは人間はなかなか動かない。きれいごとだけでは、プロ野球選手は燃えないだろう。いや、私のように貧乏が染みついて、お金のためにプロ野球選手になった人間は、ついそんな発想をしてしまうが、いまの選手たちは、もっとピュアなのだろうか。

南海に入団した当時7000円だった私の給料は、ホームラン王や三冠王をとれる選手になっていくにつれ、上昇していった。そして、兼任監督としてリーグ優勝した頃には、年俸が1億円を超えた。当時、日本球界でもっとも高い給料をもらっていると思われたONも、まだ大台には乗っていなかったようだ。報道によれば「日本プロ野球界で初めての1億円プレーヤーは落合博満」ということになっているが、実は私はそれに先駆けて1億円プレーヤーになっていた。ただし、正確には「監督料込み」の金額だったので、純粋な1億円プレーヤーという意味では、落合が最初ということになる。

7000円の給料だった時代に球団事務所に給料をもらいにいくと、一軍の選手たちの給料は分厚い袋に入れられ、まさに「給料袋が立つ」状態で机の上に並べられていた。

「すごいなあ。俺もいつかこんなにもらえるようになりたいもんやなあ」

そう言ってよだれを流さんばかりに眺めていると、球団職員がこう言った。

「野村の給料袋が見当たらんなあ。悪いけど、改めて用意するから明日また来てくれんか」

「わかりました」

そう言って帰ろうとすると、再び職員が言った。

「野村。すまん。あった、あった。ここに隠れておった」

私の給料は、分厚い箱のように立ち並んでいる給料の合間に入り込んでいて、職員が見落としていたのだった。

それが、1億円を超えるようになると、私の給料は机の上には立てずに、小切手で受け取るようになった。球団職員は「監督だけ格別に給料袋が大きいのを選手が見ると、ひがんだりせんかと心配で小切手にさせてもらいました」と言っていた。給料袋にして、新人時代の私のように「俺もあれぐらい稼いでやろう」という発奮材料にするほうがいいのではないかとも思ったが、余計な口出しをするのはやめた。

貧乏育ちの私と違い、恵まれた時代に何不自由なく育ったいまの選手たちが、金メダルの報奨金が高額だと聞いて、俄然、張り切るかどうかはわからない。しかし、日本選手がメジャーリーグに行きたがる理由は、アスリートとしての純粋なチャレンジ精神だけでなく、けた違いの給料にも魅力を感じているところは否定できないだろう。人間には欲という本能がある。同じ野球で同じだけ活躍しても日本では1億円だったものが10億円に跳ね上がるとしたら、メジャーに行きたいという思いは募るであろう。

メジャーリーグと日本プロ野球の商業規模が現状のままであるかぎり、この金額の差は埋まることはない。メジャーリーグベースボールというショービジネスを世界展開させていくことに、日本がこのまま上手に取り込まれていくのか。日本のプロ野球の商業価値をもっと高めていくためにはどうするのか。私の願望と信念は何度も繰り返しているようにアメリカを倒すことだが、それには、日本の野球が向こうをもっとその気にさせる強敵であらねばなるまい。

それにしても、昔からアメリカ人というのは、実に口がうまい。みなリップサービスが得意で、日本人はすぐにその気にさせられてしまう。私はこう見えても、家で映画やドラマを見るのが大好きだが、ハリウッド映画を見ていつも感心するのは、娯楽大作でありながらも「自由の国アメリカ」「正義の国アメリカ」という宣伝が実に巧みに行われていることだ。

その最たるものが、アメリカンドリームという言葉である。そして、野球の世界においても、ベースボールにはメジャーリーグで大金を手にできるというアメリカンドリームがある。日本のスター選手たちが、こぞってその夢に向かって海を渡っていく姿を見れば、日本の野球少年や若者たちは、自分もこうなりたいと思うはずである。

いま日本の野球人口は減少する一方だ。全国の少年野球チームに入ろうとする子どもはどんどん少なくなっている。かつて「将来の夢は?」というアンケートでトップを守り続けていた野球はサッカーに追い抜かれ、その差はさらに開いているという。

その理由のひとつとしては、「野球はお金がかかるから」と親が敬遠する家庭が増えているようだ。野球用具は子ども用であっても高い。グローブもバットもユニフォームも高額で、サッカーに比べればずいぶんと費用が嵩む。日本経済が元気な時代なら成立していた「子どもを取り巻く野球環境」が、この先どうなっていくかが心配だ。

ここで野球離れを食い止めるためには、野球用品を扱うメーカーの企業努力による用具の低額化の推進を考える必要がある。このままでは「野球は経済的に余裕がある家の子どもしかできない」という考え方が広まっていく可能性がある。貧乏な家に生まれ育った私が高校野球までやらせてもらったのは、母や兄や周囲の人たちの支えがあってのことだったと感謝しているが、私の心のなかにはつねに「いつかかならずプロ野球選手になってお金持ちになって親孝行をする」という強い気持ちがあった。

日本のプロ野球には、メジャーリーグのアメリカンドリームに負けない夢がある。少なくとも私はそう信じてきたし、そういう道を歩んでくることができたと思っている。日本の青少年が夢を持ってくれるようにプロ野球界の再構築をすること。私は命あるかぎり、そのためにできることを探し続けていきたいと思っている。

国際試合のストライクゾーンを逆手にとる

所変われば品変わる。日本のプロ野球とメジャーリーグの違いは昔も今もいろいろとある。そのなかでも、ストライクゾーンの違いは、だれが見てもはっきりとわかるほどに違う。

その違いを一言で言えば、メジャーは左右のストライクゾーンがボール1個分アウトコースにズレている。「ホームベースの一角をボールが通過すればストライク」というルールに則って、ホームベースを基準にストライクかボールかを判定するのだから、本当はバッターが右であれ左であれ、横のストライクゾーンは一定のはずである。当然、日本の審判は、右打者であれ左打者であれ、ホームベースを基準に左右対称にストライクゾーンを設定し、そこを通るか通らないかで判定している。

ところが、メジャーリーグでは、明らかに左右非対称になっている。右バッターも左バッターも、ボール1個分アウトコースが広く、インコースが狭い。ホームベースを基準に見れば、右バッターが立てば、左バッターボックス側にストライクゾーンが移動しているし、左バッターが立てば、右バッターボックス側にストライクゾーンが移動しているのだ。

ルールブックに定められたストライクゾーンは日米ともに同じなのに、なぜこんなことになるのか。日本はルールブック通りに運用しているのに、メジャーリーグではそうなっていないというのは、おそらくアメリカ独自の慣習であろう。インコースのきわどいボールやデッドボール、あるいはビーンボールまがいのボールをバッターに投げると「やられたらやりかえす」という応酬や乱闘騒ぎに発展する危険があるので、次第に「ぎりぎりのインコースはストライクを取らないようにしよう」という紳士協定のようなものが形成されていったのであろう。

インコースのボールを「ストライク！」と判定されて審判に文句を言っているメジャーリーグのバッターをよく見かけるが、後でビデオを見ると、完全にホームベースの上を通過している。日本ならば当然、審判は右手を挙げるところだが、メジャーリーグの慣習では、文句を言っているバッターのほうが正しいと受け止められることがあるのだ。そこで、郷に入っては郷に従え。日本からメジャーに行ったピッチャーは、みなそのメジャーリーグストライクに対処しているわけだが、頭ではわかっていても、日本で投げていたときの自分の感覚が残っているから、最初のうちはとまどっているようだ。

それもそのはずである。バッターのインコースとアウトコースをどう攻めて打ち取るかということに精力を注いできたピッチャーが、インコースいっぱいに決まったと思う球をあっさりと「ボール」と判定されるのは生理的に許せなかったはずである。その反対に、完全にアウトコースに外れたと思った球を「ストライク」と判定されるのはラッキーだと感じたかもしれないが、腕の長いメジャーリーガーが外に外したつもりのボールを苦もなくとらえてしまうのを見ていると、「恐ろしい連中だな」と震え上がってしまうだろう。

そうしたことへの対応も含めて、ここでは、国際ルールのストライクゾーンや外国人バッターの攻略方法を考えてみたい。

ＷＢＣや五輪などの国際大会の試合を見るかぎり、各審判たちが判定しているストライクゾーンはメジャーリーグと同様、インコースは狭くてアウトコースが広い傾向が強いようだ。

つまり、侍ジャパンのバッテリーにとって、国際試合のストライクゾーンに応じた配球を考えて、アメリカをはじめとする外国人選手、とりわけメジャーリーガーを抑える方法を見つけていかなければならない。あるいはまた侍ジャパンの各バッターは、国際試合のストライクゾーンに適応したバッティングや狙い球を心がけていくことも必要になってくるのだ。

基本、基礎、基準。野球は、つねにこの３つが大切だ。どんな応用問題も基本を忘れてはいけないし、どんな相手と戦う場合も、基礎が武器になる。どんな戦術や戦略を考える場合でも基準となるセオリーの上に立ち、それを変化応用したものでなければいけない。何事も、この３つをベースにしたものでなければ、しっかりと成果をあげることはできないのだ。

　バッティングの基本は、センター返しである。ストライクゾーンがアウトコースに広いとしても、この基本を忘れてはいけない。ピッチャーが投げてくるボールをピッチャーに向かって強く打ち返すつもりで備えていれば、自ずとセンター返しのバッティングになっていく。その姿勢でボールに向かっていけば、右バッターであればアウトコース寄りのボールは自然にライト方向に打ち返すことになるし、インコース寄りのボールは自然にレフト方向に打ち返すことになる。

　要は、自然体ということである。バッティングには「流す」「引っ張る」という言葉があるが、そこにとらわれると自然体から離れてしまう。センター返しというのは自然体で構え自然体で打ち返すという意味であり、その結果、ピッチャーが投げてきたボールに応じて自然に打球が右方向に飛んだり左方向に飛んだりしていくのだ。そこでは、無理に引っ張ろうとしたり流そうとしたりする意識は必要ない。「左右に打ち分けるバッティング」というのは、ヒットエンドランや走者の進塁を助けるときは別として、ピッチャー対バッターの1対1の勝負の場合、「自然体で打ち、自ずと左右に打ち分けている」ということなのだ。

言うまでもないが、これは、事前に相手の配球を読んだり、ピッチャーのボールの傾向と対策を踏まえたうえで、どう備えるか。投げてきたボールに対してどう構えるかという基本の話である。

バッターの備えとは頭の備えである。次にどんなボールが来るか。それを意識して備えをする。その際、バッターが意識するのは1にインコースの速い球、2に変化球だ。厳しいインコースのボールを詰まらないで打ち返す備えと変化球についていく備え。この2つの備えがあれば、対処ができる。そして、国際試合のストライクゾーンに対応する場合は、その意識をボール1個分、アウトコース寄りに持っていく。つまり、国内のストライクよりもアウトコースのストライクゾーンが広いという想定で、とくに追い込まれたカウントでは備えておくことが必要だ。

国際試合のインコースの使い方は要注意

アウトコース側に広くインコース側が狭いストライクゾーンであっても、配球の基本は変わらない。すなわち、私が常々言っている通り、「高・低」、「緩・急」、「内・外」、「ストライク・ボール」という4つの組み合わせでバッターを攻める。とくに「インコースを意識させる」ということは重要だ。インコースを意識しすぎると、バッターは体の開きが早くなってバッティングに狂いが出る。

ヤクルトの監督時代、日本シリーズでイチローがいるオリックスと戦ったときのことだ。シリーズが始まる前、先乗りスコアラーは、「イチローに弱点なし」という報告をしてきた。そこで私は「イチローには徹底的にインコース攻め」とマスコミで喧伝し、イチローにインコースを意識させた。そして、ヤクルトバッテリーには「イチローにはインコースのボール球をどんどん投げて見せ球にしてアウトコースで勝負しろ」という指示を出した。

案の定、イチローはインコースを強く意識するあまり、体の開きが早くなり、フォームを崩されていた。作戦成功である。もっとも、1戦目2戦目はうまくいったが、3戦目以降は、もうその手は通用しなかった。しかし、あの精密機械のようなイチローでさえ、インコースを意識しすぎると、打てるボールも打てなくなってしまうのだ。インコースを意識させることはメジャーリーガーを相手にしても有効なのだ。

すでに述べたように、私の持論は「インコースはストライクを投げるゾーンではない」ということだ。つまり、初球、0ボール1ストライク、1ボール0ストライク、1ボール1ストライクなどボール球を投げていいカウントのとき、インコースの厳しいボール球を投げておいてバッターにインコースを意識させる。

国際試合のストライクゾーンにおいても「インコースのボールゾーンに投げる」という意味ではまったく変わらない。こっちは最初からストライクを取ろうなどと思っていないのだからボールでOKなのだ。そこでバッターにインコースのボールを見せておいて、アウトコースいっぱいのストレートや変化球で打ち取る。このとき、「アウトコースいっぱい」がどこなのかということは「外側に広いストライクゾーン」をバッテリーは頭に入れつつ、その日の審判がどこまでストライクを取るのかを探りながら「アウトコースいっぱい」を攻めていくしかない。

ただし、そこには、やっかいな問題が一つある。日本のバッターにはバットが届くはずのないアウトコースいっぱいのボールでも、手足の長い外国人選手にとっては十分に手が届くボールになってしまうということだ。

私が常々言っているアウトコース低めいっぱいの「原点」のボールをしっかり投げ

切ったはずなのに、外国人選手にとっては「ちょうど腕が伸び切って遠くに飛ばせるボール」になるという例をいままで何度も何度も見た。

私も日米野球や外国人助っ人選手との対戦で、いやというほどそういう場面に出くわした。現役時代にはマスク越しにそういうバッティングを目の当たりにした。ひどいときには、「もしいまバッターが振らなかったら、俺のミットが届かなかったんやないか」と思うようなアウトコースのボールにバットが届いて痛打されたことさえある。監督になってからも何度もそういう場面を見せられた。

そして、そこには「外国人は手足が長いからバットが届いてしまう」ということとはまた別に、バッティングの技術的な問題もある。それは、彼らが「思い切り踏み込んで打つ」ということだ。

バッターが打つときに踏み出していく側の足、右バッターであれば左足、左バッターであれば右足をホームベース側に踏み込んで打つ。つまり、アウトコースのボールに向かって踏み込んでいく形になるから、アウトコースの遠いボールでもバットが届いてボールをとらえることができるのだ。

バッティングの技術指導のなかで「開くな」というキーワードがある。野球を少しでも知っている人なら常識だろうが、この先の説明のために、一応、その用語解説をしておこう。

「開くな」というのは、バットを構えてテークバックをとって、トップの位置からバットを振り下ろして打っていくという一連の動作のなかで、肩や腰や踏み出す足がホームベースと反対側に開くことを禁ずるものだ。右バッターの場合、テークバックのとき右足に一度、「重心」を乗せてトップの姿勢を作り、ボールが来たら左足をピッチャー側に踏み出して、ボールに「重心」を乗せていくようにしてボールを打ち返す。これがバッティングの基本だ。このとき、テークバックで右足に一度乗せた重心を踏み出した足に移動させていくような動きになる。そのときに、踏み出した左足や左腰や左肩が三塁ベンチ側に「開く」バッターがいる。これでは、軸足となる右足に溜めた重心をバットに伝えてボールを強く打ち返すことができなくなる。そこで、そのバッターは「開くな」とコーチに言われるのだ。

この「開くな」とセットで言われるのが、「壁を作れ」ということだ。右バッターであれば、打つときに前に踏み出していく左足・左腰・左肩という「左サイド」を開かないようにするために、この左サイドに壁を作って、重心が左サイドの外に逃げないようにするというものだ。

この「開くな」「壁を作れ」というのは、少年野球からプロ野球まで、日本の野球では昔も今も常識とされていることだ。日本のグラウンドで行われている野球の試合や練習を見たことがある人ならば、かならずどこかで「開くな」とか「開いてるぞ」という言葉を耳にしたことがあるだろう。

プロ野球中継の解説者も、中継のなかで1試合にかならず何度か「開いてますね」と言っているはずだ。ことほどさように「開く」というのは日本の野球選手にとって、重要なテーマなのだ。

ところが、アメリカの野球選手たちには、開くということが一切ない。日米野球や日本に来ている外国人選手たちとバッティングの話をするとき、私は昔から何度も何度も彼らとこういうやり取りをした。

「アメリカのコーチはバッティングを指導するときに、どうやってバッターが開かないように教えているんだ？」

「開くってなんだ？　なんでそんなこと聞くんだ。アメリカには開くバッターなんていないいよ」

アメリカの監督コーチや選手は、口を揃えてそう言った。たしかに彼らのなかには開いて打っている選手は、ほとんどいない。みんな打つときにはホームベースのほうに思い切り踏み込んで打っていく。右バッターであれば左足をボールに向かってしっかり踏み込み、左バッターであれば右足を力強く踏み込んでいく。これでは、ホームベースと反対側、自分の背中の方に開いてしまうこともない。だから「開くということなど問題にしたこともないし、開くなという指導も必要ない」というわけだ。

全員こういうバッティングをしている相手に対し、きわどいボールでインコースを厳しく攻めるピッチャーやそういうコースをどんどんストライクにする審判がいたら、デッドボールの山になりかねないし、ケガやトラブルになりかねないということなのかもしれない。

いずれにせよ、メジャーリーガーをはじめとする外国人バッターは、開く暇があったらボールに向かってしっかり踏み込んでくるのだから、必然的にアウトコース側の甘いボールはホームランボールになってしまうし、アウトコースいっぱいのはずのボールにもバットが届いて痛打を浴びてしまうこともあるのだ。

そういう意味では、配球のセオリーである「バッターにインコースを意識させてアウトコースで打ち取る」ということも大切だが、もう一方では、「アウトコースに逃げていく変化球やボールになるアウトコースの速球で誘って、インコースの厳しいボールで打ち取る」

という考え方もあるといえばある。ただし、これは大けがを伴いかねない配球だ。インコースの甘い球ほど強打者の餌食になってしまうボールはない。やはり、それよりはインコースのボール球を使って、アウトコースで勝負という配球のほうが安全だ。

もちろん配球の基本である「4ペア」には「内・外」以外にも「緩・急」、「高・低」、「ストライク・ボール」という組み合わせがあるのだから、それらをバッターに応じて攻略していくということが大切なのは言うまでもない。

メジャーのキャッチングに差をつけられるな

審判も人の子、厳格に厳密にストライク・ボールを判定しようと努めていても、ついつい目の錯覚などによって、ストライクがボールに見えたり、ボールがストライクに見えることもある。

　キャッチャーのキャッチングというのは、ただピッチャーのボールを受けているように見えるかもしれないが、そこにはキャッチャーの技術力によって、ボール気味の球がストライクに見えるキャッチングもあるし、ぎりぎりストライクだと思うような球が審判には「ボール」に見えるキャッチングをしてしまうキャッチャーもいる。

　たとえば、低めいっぱいの「ボールかストライクか」という微妙な高さのボールをキャッチングする場合、キャッチングが下手なキャッチャーは、ミットを上から下に、つまりストライクゾーンからボールゾーンに下げながら捕ってしまう。これでは審判からボールに見えやすい。

　しかし、上手なキャッチャーは、同じ低めのボールをミットを下げないでストライクゾーンでキッチリ捕れる。そうすると、審判からはストライクに見えやすい。そうやって、ストライクゾーンの隅々に来た微妙なボールをストライクに見えるように捕れるか、ボールに見えるように捕ってしまうか。そこがキャッチャーのキャッチング技術の見せ所なのだ。

　最近、メジャーでは、それをフレーミングという言い方をして「キャッチャーのキャッチング技術の評価基準」にしているようだ。ピッチャーにすれば、ストライクだと思った球をボールにしてしまうキャッチャーと、ボール気味の球をストライクにしてくれるキャッチャーでは大違いだ。

当然、それはチームの勝敗にも直結するほど大事なことであるから、球団としてもそこをキャッチャーの評価基準に加えているのだ。データによれば、キャッチャーのフレーミングの巧みさで1シーズン100球も微妙なボールをストライクにできるキャッチャーもいるという調査結果があるようだ。

日米のキャッチャーは、キャッチングの方法にも違いがある。それは、私がキャッチャーをしていた時代から、いろいろな違いがあった。違いというよりも、すでに述べたように、ブレイザーをはじめとするアメリカの選手たちにこちらが教わることばかりだった時代であるから、その違いというのは、取りも直さず日本が遅れているということだった。

私がキャッチャーをしていた時代には、ストライクかボールか、微妙なところに来たボールを捕るときは、捕った瞬間、ミットをわざとストライクゾーンにほんの少し動かしてからミットを止めるということをしていた。

つまり、ボールゾーンでミットが止まっていれば、審判は「ボール」としか言わないが、審判にストライクをアピールするかのようにストライクゾーンでミットを止めて、それを見てもらえば右手を高く挙げてくれることもある。

ボール気味の球をストライクと言ってもらうことを狙って、ミットを動かしているのだから、要は、ごまかしだ。私たちは当時、それをカンニングと呼んでいた。

ところが、日米野球のときやアメリカ人助っ人選手に言わせると、「そんなふうにミットを動かすのはよくない」ということだった。「メジャーのキャッチャーは、昔はいざ知らず、もうだれもそんなことはしていない」というのだ。

言われてみればその通りである。キャッチャーがミットを動かして審判の目をごまかそうとしているのに審判たちが気づいたら、絶対にストライクとは言わない。むしろ「そんなのにごまかされてたまるか」と意地になって、ストライク気味の球まで「ボール」と言われかねない。

メジャーのキャッチャーたちが言うように、ミットを動かすのではなくて、むしろ、きちっとミットを止めて捕れるキャッチングがよいということなのだ。たとえば、最初に説明した低めいっぱいのボールであれば、ミットを下げて捕ったり、捕った後にミットをストライクゾーンに動かすようにしたりするのではなく、ボールが来た場所でしっかり受け止めてミットがブレないようにして捕る。それが、いいキャッチングなのだ。

言葉で言えば、「余計な動きでずるいことをするな。素直にしっかり捕れ」ということだ。そのほうが、よっぽど審判の右手は挙がるということなのだ。

円城寺　あれがボールか　秋の空

かつて、プロ野球の審判は「巨人に甘い判定をする」とよく言われたものだった。それは私も実感した。南海時代、日本シリーズで巨人と対戦したときに、「この１球が決まれば勝てる」という場面で、真ん中に決まったボールをミットに収めた私は「勝った！」と思った。ところが、主審の円城寺満さんは右手を挙げなかった。この球がボールになったことで、南海は巨人に優勝をさらわれた。

そして、翌日の新聞には、私がミットに収めたその瞬間の写真が掲載され、「世紀の大誤審」という文字が躍った。そこには、こんな俳句が添えられていた。

「円城寺　あれがボールか　秋の空」

この判定は、後々まで野球ファンの語り草となった。いまでもこの俳句とともに歴史に残るのだから、誤審もまた野球の醍醐味なのである。

その意味において、私は近年のビデオ判定というルールには反対だ。審判としてはプロとして絶対に誤審をしないという覚悟と努力が必要だ。プライドにかけて正しいジャッジをしてほしい。だが、審判も選手も監督も人間である。ファンもまた人間だ。そこには、過ちという人間の宿命がある。それをいちいちビデオで判定していたら、「プロの目」は必要ないではないか。

第4回WBCでのアメリカとの準決勝でも、アメリカのベンチは再三、ビデオ判定を求めた。「ルール上認められているのだから当然の権利だ」と言うかもしれないが、あの行為によって、流れが断ち切られ、しかも判定が覆るとなると、勝負の機微が大きく損なわれてしまう。

もっとも憤りを覚えるのは、ビデオ判定が決するまでの間、両軍選手も観客も、ただただ無駄に待たされる。試合中にこんな興ざめがする行為をルールで認めること自体がまちがっている。

日本のプロ野球でもホームのクロスプレーやホームランのファール、フェアなどについては、ビデオ判定が認められているが、しばしば観客からブーイングが出るほど中断時間が長い。

「どっちでもいいから早く再開しろよ！」

こういうファンの声援のほうが、よっぽど野球を理解している。近年、試合時間の短縮が叫ばれているのに、このビデオ判定の間延びは歴史的な悪法である。せめて「ビデオ判定は2分以内」というように、ファンと選手を待たせる時間を最低限にするべきだ。審判は「ビデオより俺の目のほうが正しい」というぐらいの自信を持ってほしい。

「俺がルールブックだ」

かつて名審判と謳われた二出川延明さんは、そう言った。ルールブックを持ち出しながら、しつこく抗議してくる監督に、ピシャリとそう言ってはねつける度量。それがプロというものである。

巨人戦の審判の判定に泣かされた経験は、ヤクルトの監督時代にもあった。ある試合で一塁の塁審を務めていた審判が、巨人の攻撃中、明らかにアウトのタイミングだと思われたところで「セーフ」と両手を広げた。

私は常日頃から審判には文句を言わないほうだが、このときばかりはファーストに駆け寄って抗議をした。

「完全にアウトだろう」

次の瞬間、審判は右手を高々と場外に向けて、私に退場を命じた。まったく不可解な判定だった。アウト・セーフも退場も意味がわからなかった。

後で冷静に振り返ってみると、その審判は私を目の敵にしているようだった。それ以前にも、その審判の判定がおかしなことがあったときに、私は思わずこう口走っていた。

「下手くそ」

どうやらそれが彼の耳にしっかり入り、ずっと根に持っていたらしい。きっといつか野村に仕返しをしてやろうとチャンスを窺っていたのだろう。それが、この退場劇だったというわけだ。こういう審判相手には、たしかに後でビデオでも見せつけて、ひどいジャッジだということを教えてやりたくなる。

ビデオ判定の他にも、国際試合のルールに端を発して日本の野球にもそれが採り入れられ始めたものがある。その一つがタイブレーク制度だ。延長戦に入っても決められたイニングまでに決着がつかなかった場合、1アウト満塁などの点が入りやすい状況にして裏表のプレーで決着をつけようというルールだ。

時間の制限やピッチャーの負担を考えて、高校野球でもそれを採用する流れにあるようだが、これは野球とは言えないのではないか。野球とは、いかに少ないチャンスで点を取るか。いかにランナーを出してつないで、ノーヒットでも1点をもぎ取るかという知恵比べや状況判断の巧みさで点を取る頭のスポーツだ。それをあらかじめ2人も3人もランナーを与えられて、「さあどうぞ点を取ってください」というのは野球ではない。

決着がつくまでとことん、やればいい。メジャーリーグもそうではないか。夜中までやってでも雌雄を決するのがベースボール。野球という競技はサッカーやラグビーと違って時間で打ち切ることなく、9回裏まで戦えるから大逆転というドラマも起きるし、延長戦というドラマも起こるのだ。高校野球のドラマの多くは、そこにこそある。昔のように延長18回は体の負担が大きいということで15回になった。いずれにせよ、それでも決着がつかない場合は再試合というルールによって行われる。だれかにランナーを押し付けられたような真似をしないで、どうやってランナーを出すか、どうやってそれを防ぐかという攻防戦こそが野球なのだ。私はタイブレークには反対である。

なぜアンダースローが効果的なのか

ニューヨークヤンキースの田中将大やロサンゼルスドジャースのダルビッシュ有をはじめ、メジャーリーグで成功しているピッチャーの共通点の一つは、アウトコースのコントロールがいいことだ。ストライクゾーンがアウトコースに広いということが、彼らにとって利となっているのだろうが、結局はアウトコース低めのストレートに強いボールを投げられるという「原点能力」が大切だというのは日米とも変わらないのである。

その他の球種としては、落ちるボールが得意なピッチャーは、それを「空振りが取れるボール」として武器にしている。それは20年前に野茂英雄が日本人投手の草分けとしてメジャーに渡ったとき、フォークボールで一世を風靡したように、比較的メジャーリーグのバッターは落ちるボールに弱い。

大魔神・佐々木主浩がメジャーリーグでもシアトルマリナーズの守護神として活躍したのも、あのフォークボールだった。上原浩司が、ストレートの球威はなくても抑えの切り札として長年活躍しているのは、フォークボールの高い精度が生命線になっているからだ。黒田博樹も、落ちるボールが武器だった。

その傾向はずっと続いていて、いわゆるムービングファストボール系の動く速球が主流のメジャーリーグでは、マー君のように縦にストンと落ちるボールが有効だ。ホームベース上にワンバウンドするようなマー君のスプリットボールを、面白いようにクルクルと空振りするメジャーリーグの各バッターを見ていると、「もう少し頭を使ったバッティングをしたらどうや」と言ってやりたくなる。

マー君にしろダルビッシュにしろ、その武器は持ち球以上にクレバーなピッチング、頭を使った投球ができることだ。マー君は監督と選手として、ダルビッシュは対戦相手の手ごわいエースとして近くで見てきたが、彼らは2人とも感性が非常に優れている。

人間の最大の悪は鈍感である。

私は常々そう言ってきた。人間にとって、感性が優れているということは、大きな力となる。マー君とダルビッシュの「感じる力」は、「このバッターはいま何を狙っているか」ということを読み取ることに大いに役立っている。同じボールでもバッターが待っているボールか予想もしていないボールかによって、結果は正反対になる。感じる力とは、ボールの威力以上の力になるのだ。

もう一つ、メジャーリーグの各バッター相手に有効なのは、アンダースロー、サイドスローのピッチャーだ。メジャーリーグにはそういうピッチャーがほとんどいないのだから見慣れていない。だから侍ジャパンとメジャーリーガーとの対決においては、アンダースローが強力な武器になる。短期決戦では、相手のボールに慣れている時間などないのだから、目くらましでもある程度は抑えることができる。第1回のWBCで王監督がアンダースローの渡辺俊介を投手陣の柱に据えて成功したように、稲葉監督の侍ジャパンにもアンダースローのいいピッチャーを用意しておくことが必要だ。

私は現役時代も監督になってからもアンダースローのピッチャーをたくさん間近で

見てきた。とくに現役時代は杉浦忠をはじめ、アンダースローやサイドスローのピッチャーのボールをたくさん受けてきた。

彼らをリードするときの最大のテーマは、左バッター対策だった。アンダースローというのは、そのフォームからして、シュート系のボールや落ちるシンカーが投げやすい。歴代のアンダースローの好投手は、杉浦と並んで南海の柱だった皆川睦夫や阪急の山田久志や足立光宏、ヤクルトの高津臣吾がそうであったように、シンカーを強力な武器にしていた。

ところが、そのボールは右バッターには通用しても左バッターには、そのボールだけでは通用しない。そこで私はバッテリーを組んでいた皆川をリードしながら、いつも彼にこう言っていた。

「おい、左の強打者を打ち取るためには、おまえのシュートを活かすための変化球がもう1つ欲しいんや。はようスライダーを覚えろよ。それも、ちょうどシュートと反対の変化をする小さいスライダーを身につけろや」

つまり、私の持論である「4ペア」の対となる「内・外」。外に逃げる変化球とバッターに向かってくる変化球をコンビネーションにして、左バッターを打ち取ろうという考え方である。

皆川は遠征やキャンプなどのとき、よく私と同室になったので、そのたびに「ちっちゃいスライダー」「ちっちゃいスライダー」と言い続けていた。すると、ある年の春季キャンプで、皆川がこう言った。

「野村の言う通り、ちっちゃいスライダーを覚えようと思うんやけど」

「ほう。やっとその気になってくれたか」

「ただし、ひとつだけ条件があるんや。毎日、俺とキャッチボールをして、そのボールの練習に付き合ってくれんか?」

「よっしゃ。お安い御用や」

次の日から毎日、皆川が小さいスライダーを習得するための練習に付き合った。そして、あるとき、私の理想とする「ちっちゃいスライダー」がミットに収まった。皆川の武器である鋭いシュートとちょうど正反対の変化をする「ちっちゃいスライダー」だった。

「おお。ええボールやないか。これ、使えるで。さっそく今度のオープン戦で投げてみんか」

「というと、巨人戦やな。このスライダーが王に通用するんかなあ」

そして、対巨人のオープン戦、1アウトランナー一塁三塁という場面で打席には王を迎えた。私はタイムを取って、マウンドの皆川に駆け寄った。

「おい。皆川。こりゃあ最高の場面やで。ここであのスライダー、いくぞ」

「わかった」

ふだんは何があってもどこ吹く風という顔をしている皆川が、いつになく緊張で顔をこわばらせていた。

初球、アウトコースのサインを出し、いかにも「王が怖くて、逃げている」という雰囲気のボール球を要求した。その通りのボールが来た後の2球目、いよいよ「ちっちゃいスライダー」のサインを出した。王はそのボールをバットの根っこに当て、詰まったセカンドゴロを打った。日本一の左バッターを相手にデビューした「ちっちゃいスライダー」が、見事に成功したのだ。

マウンド上の皆川は、いかにもうれしそうにニターっと笑っていた。その笑顔はいまだに忘れられない。天下の王貞治を打ち取り、このボールに大きな自信を持った皆川は、その日を境に大きく変わった。それまで苦手にしていた左バッターを苦にしなくなったばかりか、手ぐすねを引いて左バッターを待ち構え、左の強打者を迎えると、「さあ、いらっしゃい」とでも言うように打ち取るアンダースローの好投手になったのだ。

この皆川のちっちゃいスライダーこそが、後に言うところのカットボールである。その当時はそんな名前もなかったし、そういうボールを投げるピッチャーはまだどこにもいなかった。つまり、日本で最初にカットボールを投げたピッチャーは、まちがいなく皆川であろう。

東京五輪やWBCなどでメジャーの強打者を抑えるためにはサイドやアンダースローの好投手は不可欠で、皆川のようにシュートとその対になるカットボールの両方が持ち球としてあれば、大きな戦力になるのだ。

第4章

監督人材難という大問題

監督人材難の責任はだれにあるのか？

「野村さんは、次の侍ジャパンの監督はだれがいいと思いますか？」

小久保監督が辞任した後、稲葉監督就任が決まるまでの間、後任はだれが適任かという質問をあちこちで受けた。

「残念ながら、どこにも見当たらんなあ」

正直にそう答えるしかなかった。

日本代表の監督という以前に、近年、プロ野球の指導者の人材不足は深刻である。12球団の監督の顔ぶれを見ると、「日本のプロ野球も、ついにここまで来てしまったか」とボヤかずにはいられない。かつての監督たちには、それなりの器というものがあった。ベンチに監督が座っているだけで、選手たちがピリッとするような存在感や重みがあった。ところがいまは、みな軽量級である。

いったい、どうしてこんなことになってしまったのか。その理由はいくつかある。

まず我々世代の監督経験者が次世代の人材育成をしっかりできていなかったことだ。時代の移り変わりのなかで、かつての川上哲治監督が行った「人間教育」や「管理」という面が次第に風化していき、そうした教育をする人も受ける人も減っていってしまい、指導者然とした監督がいなくなっていったのだ。

しかし、時代が変わっても、人間教育や組織管理の重要性は本来、変わらないはずだ。野球理論や技術的なことを教えるのはいつでもできるが、人間として組織の一員として社会人として何が大切かを選手たちに教えるためには、指導者自身がしっかりとした哲学と見識を持っていなければいけない。そういうことをうるさく言いたがらない監督や言う術もない監督が増えてしまったから、選手たちが何も知らないまま、ただ野球だけをやっていればいいとさえ思うようになったのだ。

「いい野球選手である前に、よき社会人であれ。人間的成長なくして野球選手の成長なし」

私は選手たちに口を酸っぱくしてそう言い続けてきた。とくに若い選手たちにはキャンプのミーティングなどで、社会人としての使命を説き、人間としてあるべき姿をよく考えさせた。ベテランや中堅の選手たちには、若い選手たちのお手本となることを求めたし、青少年の模範になるような生き方をしてほしいという話を繰り返した。

プロ野球選手はアマチュア時代に「天才児」などと褒めそやされて育ってきた人たちが多い。ただ野球が上手なだけで周囲の人たちにちやほやされて、自分は価値の高い人間だと思い込んだり、特権的な人間だと勘違いしてしまったりする人が少なくない。そのうえ若くして高額な給料を手にすることのできる特殊な商売だ。だからこそ、野球以前に人間教育が大事なのだ。

「おまえ、そんな野球バカでは世間で通用しないぞ。将来、苦労しないですむように、もっと社会勉強せい。社会人として恥ずかしくないように、ちゃんと常識を身につけておけ」

そういうことを選手に口うるさく言って聞かせる指導者がいなくなってしまったから、プロ野球選手のモラルが低下して不祥事を起こしてしまうのだ。

「人間とは何か。人生とは何か。社会とは何か。野球とは何か」

私はミーティングで選手たちとよくそういう問答を重ねた。何事も「～とは何か？」と考えさせる。私はそれを「とは理論」と名付け、選手たちの理解を深めて成長を促すための教科書にした。そのうえで「チームとは何か？」「チームプレーとは何か？」「勝利とは何か？」「リーダーとは何か？」ということをよく理解して、リーダーシップを発揮できる選手が育ってくれれば、やがてそのなかから立派な指導者が現れるだろうと考えていた。

ただ自分が打てばいい。ただ勝てばいいというのでは、人として何の成長にもならないし野球界の発展にも役立たない。

私はミーティングの席で、新人選手たちにかならず、こう質問した。

「人は何でこの世に生まれてきたんだ？」

ほとんどの答えは、こうだった。

「考えたことがありません」

「だったら、この機会によく考えてみろ」

そういう問答のなかで「人は世のため人のために生まれてくる」ということを理解させせた。そうすると、自ずと野球に取り組む姿勢も変わってくるし、社会人としての責任を持って生きていかなければいけないということを知る。そうして初めて、プロ野球選手としての使命とは、ファンに喜びを与えることであり、決してお金をたくさん稼いで好き勝手な生き方をすることなどではないと気づくのだ。

財を残すは下。仕事を残すは中。人を残すは上という。私は南海、ヤクルト、阪神、楽天と4球団で監督を務めたが、常に念頭にあったのは「人を残す」ということ。つまり、いかに人材を育成するかということだった。もちろん、プロとして、勝って「財を残す」ことも大切だし、優勝して球団を繁栄させ「仕事を残す」ことも大事な務めだ。しかし、それ以上に選手たちに何を伝え、何を残すかが監督たるもの、もっとも重要な任務だと思っていた。

ヤクルトの監督として、曲がりなりにもチームを強化して日本一にもなることができたときに「財と仕事は残すことができた。後は人だ」と思っていた。すると、相馬和夫球団社長がこう言ってきた。

「いずれ若松を野村監督の後継者にしたいと思っています。どうか野村監督のそばに置いて教育してやってくれませんか」

私は9年間、ヤクルトの監督を務めたが、「チームの土台作りはできたし、ぼちぼち潮時だな」と考えていたところに、ちょうど相馬社長が「人を残す」機会を与えてくれたというわけだ。毎日、ベンチで若松と並んで座り、「監督とは?」ということを私なりに伝えられたのはありがたいことだったが、「相馬社長という人は、つくづく組織のトップとして立派な人だな」と感心した。

そもそも相馬社長は、面識もない在野の評論家だった私を見込んでヤクルトの監督に迎えてくれた人だった。

「うちのバカどもに野村さんが本物の野球を教えてやってください。そうすぐ簡単に強くなれるとは思っていません。しばらくじっくり腰を据えてやってください」

そう言って、すべて私を信頼して任せてくれた相馬社長の支えがあったからこそ、万年Bクラスだった球団を就任3年目でリーグ優勝させることができたのだ。その恩返しとして、私は若松の教育係を務めさせてもらい、やがて若松監督はヤクルトを日本一に導いてくれた。

その後、ヤクルトで一緒に戦った古田敦也や真中満、栗山英樹たちが監督となり、その他にも私と一緒に戦った選手たちが各球団のコーチとして活躍している姿を見ると、頼もしく思う。私にも「人を残す」ということが少しはできたのかもしれない。

短期契約が監督をダメにする

プロ野球に監督の人材がいなくなってしまった原因のもう一つは、契約期間の短さである。いまの監督は、勝てないとすぐに首を切られてしまうから結果至上主義になりすぎて、ちゃんとした組織作りができないのだ。

私はヤクルトの相馬社長に「腰を据えてやってくれ」という言葉をもらった通り、9年間も務めさせてもらった。だからこそ、リーグ優勝4回、日本シリーズ3回優勝という成績に恵まれた。その前の南海ホークスのときも、8年間という期間があったからこそ、乏しい戦力のなかでもリーグ優勝1回、Aクラス6回という成績をあげることができた。ある程度の年数があればこそ、「今年は種をまいて、来年は芽を出し、再来年は花を咲かせよう」という3年計画も立てられた。

歴代の優勝監督たちは、長期政権をベースに実績をあげた人たちが多い。南海の私の前任、鶴岡監督に至っては23年間も務めている。巨人の川上監督にしても、長期政権の保証があったからこそ長期計画のもとにV9という偉業を達成することができたのだ。それ以外の歴代の名監督と呼ばれた人たちも、勝ったから長期政権になったというよりも、長期の契約年数があったからこそ、日々の戦いの一方で長い目で個々の選手を見ることもできた。優勝を目指して戦うと同時に、選手育成とチームの土台作りを進め、やがて黄金時代を迎えることもできたのだ。

ところが、いまは2~3年でコロコロ監督が代わってしまう。球団は監督に性急に結果を求めているのだ。わずか2年の契約で「結果を出せ」と言われても難しいのに、なかには1年契約という監督までいる始末だ。これでは選手の育成も、チームの強化計画も考える暇などなく、日々、その試合に勝つことを考えるだけで精一杯。つまり、組織作りや人材育成などを考えるよりも自らの保身を考えてしまう。「いま勝たないと俺がクビになってしまう」という考えで野球をやっているのだから、黄金時代など到底、築けるわけもない。

球団がそんな姿勢では、いい監督が育つはずもない。もう少し時間的猶予を与えてあげれば勝てるチームにできたかもしれないし、いい監督に成長することもできたかもしれないのに、2年やそこらで代えてしまうのは人材つぶしであり、人材難の元凶を作っているようなものである。

自分の保身ばかり考えている監督や経験の浅い監督の特徴は、いいところを見せようとすることだ。目先の結果しか考えていないうえに、自分をよく見せようという色気が出る。そういう監督は選手から信頼されるわけがない。

信は万物の基をなす。どんな組織においても、リーダーがスタッフに信頼されなければだれもついてこない。ましてや野球の場合、プレーするのは選手であって、監督ではない。主役はあくまでも選手であり、監督は選手がプレーしやすいように導いてあげるのが一番大事な役目である。本来、監督は「自分は裏方だ」という自覚が必要なのだ。

しかし、保身優先の監督や経験が乏しい監督は、長期的な視点が欠けているから、すぐに我が出て選手優先の考え方ができない。結果論で選手を評価してしまい、がまんするということができない。勝てば自分の手柄としてアピールしたがり、負ければ選手のせいにしたがる。そういう監督が選手に信頼されるはずもないし、チームをまとめて勝利に導くことなどできない。だからこそ、プロ野球の監督は短期的な雇われ仕事ではいけない。ある程度の長期的視点を持ってチーム作りをするためには、球団が監督そのものをある程度の長期的な視点で見てあげなければ、いつまでたっても人材は育たないのだ。

プロ野球をつまらなくする処世術の横行と仲良し内閣

かつてのプロ野球監督の条件と、いまのプロ野球監督の条件は、明らかに変わった。かつての監督には重みや存在感があった。川上監督のように威厳がある人や三原監督のように知恵者らしい立ち居振る舞いをする人、鶴岡監督のように「親分」と呼ばれる人など、それぞれ知将、闘将、名将という呼び名がいかにもふさわしい監督たちがいた。野球理論や野球哲学だけでなく、人間としての厚みや深み、魅力や人望が求心力となっていた。

ところがいまや、すっかり軽量級になった。「なぜこの人が監督になったのだろう?」と首をかしげたくなるような監督が目立つ。実績も力量も不十分なうえに人間的にも軽くて頼りない。ひと言でいえば監督の器ではない。ただし、よくよく見ると、彼らには、非常に長けているところが一つだけあった。それは、処世術である。

なぜこの球団がこの人を監督に指名したのか。球団の幹部に好かれていたからだ。

なぜそのオーナーは、その人を監督に起用したのか。オーナーに可愛いがられていたからだ。

「人望がある」というよりも、権力を持っている人に気に入られたり、取り入ったりするのが得意で、権限のある人に自分を売り込むのがうまい。つまり、処世術が優れているのだ。

みな人当たりがよくて、好人物と言えば好人物。人柄も悪くないのだろう。それで、オーナーや球団幹部に弁舌鮮やかに自分の野球理論を語ってみせたり、もっともらしい球団改革を説いたりする。オーナーは野球の素人であるから、さわやかな男が聞き心地のいい野球解説を軽妙な語り口で披露すれば「野球人にしては、なかなか賢いし、いいヤツじゃないか。ひとつうちの監督をやらせてみようか」となるわけだ。

私はこの処世術という能力が一切ない。偉い人にお世辞の一つも言えないばかりか、耳の痛いことしか言わない。口を開けば人の批判や皮肉ばかり。もちろん、何でもかんでも悪く言っているわけではない。いいものは「いい」と言い、悪いことは「悪い」と言っているだけなのだが、世間からは「野村は口が悪い」と思われてしまう。たしかに言いたいことは全部言ってしまうから「口が悪い」と言われてしまうのだろうが、心のなかは案外、優しくて、気のいい男だと自分では思っている。

それでもまあ、かつてはそんな私に監督をやらせようという奇特な人たちもいたが、いまのように処世術全盛の時代には、私に声をかけてくれる人などだれもいないだろう。いいときに監督をさせてもらったと思っている。

そういう意味では、いまどき、私と同じように処世術が0点の人間は監督の声がかからない。その最たる例が宮本慎也である。いまの日本球界で彼ほど監督にふさわしい人材はいないというのに、なぜいまだにネット裏にいるのか。

「私は野村監督と同じで、言いたいことをはっきり言ってしまう性格だから、どこからも呼ばれないんですよ」

宮本は笑いながら私にそう言っていた。宮本は稲葉に負けず劣らず真面目な人間で、きわめて模範的な選手だった。ただ、本人が言っている通り、非常に正義感が強く、だれに対しても言うべきことをきちんと言う男だ。同僚や後輩たちにとっては、それは貴重なアドバイスであり、ありがたい叱咤激励だっただろうが、球団幹部の人たちにすれば耳の痛いこともズバズバ言う人間は、あまり好まれないのかもしれない。
しかし、そういう人間こそ本来、チームのため球団のために必要な人材であるはずだ。宮本の野球理論や実績、野球哲学やリーダーシップは監督になるためにあるようなものだ。一日も早く宮本に監督を任せる球団が現れてほしいものだ。

ところが、現実には処世術に長けた人ばかりが監督になり、その監督が今度は自分と仲良しの人たちをコーチとして連れてくる。これは巨人の原監督が最初にやり始めたことだが、この「お友だち内閣」がプロ野球をダメにしている原因の一つだと私は思っている。

チームにおいて監督を支えるコーチングスタッフというのは、言うまでもなく非常に重要な存在である。どんなに優秀な監督でも万能な人はいない。投攻走守、それぞれ専門分野のスペシャリストを適材適所に配置して、選手への指導と監督への助言を的確に行えるコーチ陣を整えなければチームは機能しない。

実は、球界広しといえども、優秀なコーチというのは、さほど多くはいない。正しい知識と経験を備え、監督に何でも直言できて、選手にも適切なコーチングができる人というのは、案外、少ないのだ。みな自分の経験を頼りに感覚的なことを言っているだけで、その根拠も乏しければ、伝え方もつたないコーチが少なくない。たとえ2００勝投手だろうが、２０００本安打を記録した人だろうが、客観的な理論に裏打ちされた方法論を第三者にわかりやすく伝える能力があるかどうかは別問題なのだ。

選手時代の実績を盾に自分の方法論を選手たちに押し付けているコーチも多い。どんなに名選手だった人でも、不勉強なまま経験則だけで選手を指導している人が後を絶たないから「名選手必ずしも名コーチならず」という格言通りになってしまうのだ。

球団は、往々にして選手としての実績でコーチを選んでしまうことが多いが、それはまちがいのもとだ。コーチとしての能力、適性、資質をよく見極めて人選するべきなのに、監督が連れてきたお友だち内閣をあっさりと容認してしまう。これでは、監督が自分のお気に入りの人間だけをそばに置くことになる。つまり、監督のイエスマンばかりがベンチにいるから監督の耳が痛いことはだれも言わない。監督に一番大事な「正しい直言をしてくれるコーチ」がいないのだ。そもそも、日頃から監督と仲がいいというだけで、コーチとしての能力や適性もあまり問われないままユニフォームを着ているのだから「正しい直言」をする能力があるかどうかも疑わしい。

こういうコーチは、いつも監督のほうを向いているから選手のためになることよりも監督に気に入られることを優先する。つまり、コーチたちにも処世術が横行しているのだ。選手やチームのことよりも自らの保身のための行動をする。コーチたるもの、本来は「自分が監督に嫌われてでも選手のために言うべきは言う」という姿勢がなければ選手に信頼されるコーチにはなれない。

一方、監督も本来は、どんなに耳が痛いことでも直言してくれるコーチをそばに置くべきなのだ。監督の顔色ばかり窺っているコーチではなく、選手とチームのことを第一に考えるコーチが必要だ。たとえ自分の仲良しではなくても、コーチとしての能力と適性がある人をスタッフとして迎えるべきなのだ。

最近の監督やコーチを見ていると、球団に対する処世術ばかりでなく、選手に対する処世術も横行している。選手に嫌われることを恐れて、選手に気を使っている監督やコーチがいる。指導者たるもの、たとえ憎まれようが恨まれようが、選手のためチームのために言うべきことは言わなければいけないし、厳しい態度を示さなければいけないときもある。

ところがいまの監督たちは、すぐに選手を自分の味方につけておきたがるし、コーチ陣には自分の友だちを置いて味方を増やしたがる。本当の強い味方というのは、大将を諫めることのできる参謀であり、監督が選手に気など使わなくてもチームのために働いてくれる選手なのだ。

松井秀喜は日本代表監督の器か？

侍ジャパンの小久保監督が辞任して稲葉新監督が発表されるまでの間、次期監督として有力視されていた1人が原監督だった。第2回WBCの優勝監督であり巨人でも優勝を重ねた監督であるから「適任」という声が上がっていたのだろう。

たしかに実績は申し分ない立派な候補ではあるが、プロ野球に仲良し内閣を普及させた張本人でもある。「仲のいい人を呼んできたけど能力があるコーチだ」と言うかもしれないが、私の目にはどうも適材適所には見えなかった。楽天の監督を務めていたとき、巨人との交流戦では、最終回に無謀な盗塁を仕掛けてきたり、終盤の巨人の攻撃のチャンスで、こちらのピッチャーがコントロールに苦しんでいる場面で簡単に凡打をするバッターが何人もいて「助かったなあ」と思うことが何度かあった。同時に「これは、巨人のヘッドコーチや作戦コーチが原監督の思うがままにさせすぎているんやないか」と思ったものだった。

そうした作戦を最近は「攻撃的野球」「積極的な攻撃」などともてはやす傾向があるが、私は賛同できない。

たとえば、侍ジャパンの小久保監督にもそういう采配が目立った。強化試合のとき、日本の最終回の攻撃で、3点リードされている場面。イニングの先頭バッター筒香嘉智が3ボール1ストライクから打っていった。これを「積極的攻撃」というなら「まちがえた積極性」と言い直すべきだ。

このケースでは「先頭バッターは、なんとしても出塁しろ」というのが至上命令だ。たとえ4番バッターであれ、ピッチャーがボール先行してカウントを悪くしているときは、監督は「待て」の指示を出すのがセオリーだ。

こういうウェイティングは一見、消極的だと思われるかもしれないが、まったく違う。こういうときピッチャーは待たれるのが一番いやなのだ。打ってくれるほうが楽なのだ。3ボール1ストライクなら、最低でもあと2球、続けてストライクを投げなければいけない。フォアボールを絶対に出したくない場面では、バッテリーは、バッターが打ってくるよりも待たれるほうがよっぽど苦しいのだ。つまり、「待て」のほうが積極的に相手を攻撃することになるのだ。

バッターにはケースによって、3つの仕事がある。「出塁する」「ランナーを進める」「ランナーを還す」。かならず、このいずれかである。3点ビハインドで最終回の攻撃の先頭バッターの仕事は、絶対的に「出る」ことしかない。そこで3ボール1ストライクや3ボール0ストライク、2ボール0ストライクというカウントでは「待て」のサインで相手ピッチャーを苦境に立たせて出塁のチャンスを広げるのが、本当の攻撃的野球なのだ。

結局、筒香は「まちがえた積極策」で外野フライを打ち上げ、出塁するという使命を果たせなかった。この場合、経験の乏しい小久保監督が「打て」という指示を出す前にヘッドコーチが「監督。ここは待たせましょう」と一言いえばいいだけの話である。そういうコーチもいなかったのが、小久保監督と侍ジャパンの悲劇だったと言うしかない。同じように巨人のベンチにも原監督にそう進言するコーチがいなかったことは仲良し内閣の悲劇であり、仲良し内閣を作った原監督の罪だと言うべきだろう。

小久保監督のまちがえた積極性のケースでは、バッターボックスの筒香が自分の判断で待てる選手であってほしい。監督の指示が行き届いていなくても、「ここは打つことよりも出塁が大事だ。1球待ったほうが相手は苦しくなる」という自主的な「待て」ができてこそ中心選手なのだ。

その点、松井秀喜という選手は、そういうチームプレーを自主的に行える選手だった。「この打席で自分がどういうバッティングをすれば勝利に貢献できるか」ということをつねに考えて打席に立っていた。

野球とは状況判断のスポーツである。この状況で自分が何をするべきかを瞬時に判断できる選手がいるチームは強い。松井は「自分が打ちたいからバットを振る」という選手ではなく、「勝利のために自分はどういうバッティングをするべきか」を考えてプレーできる選手だった。

「自分がホームランを打って負けるよりも、自分が4三振でもチームが勝ったほうがうれしい」

松井がそう言っているのを聞いたことがあるが、おそらく本気でそう思っていたのだろう。我欲のために野球をやるのではなく、チームのため勝利のために貢献するにはどうするかを自ら考えられる選手なのだ。

こういう選手は、監督としても立派にチームを率いることができる。世間には松井秀喜監督待望論があるが、私もそれを期待している。松井なら巨人の監督はもちろん、侍ジャパンの監督としても成功できるはずだ。私の持論から言えば、外野手出身であることと指導者経験のないことから適性は低いということになるが、松井だけは別格である。彼の実績と人格と言動を見るかぎり、松井秀喜ほど監督にふさわしい人材は他にいないだろう。

日本の名門球団である巨人軍で4番バッターを務め、メジャーリーグの名門であるヤンキースでも4番バッターを務め、ワールドシリーズでMVP。これほど選手としての実績を持つ選手が、その経験を日本の選手たちに伝えないままでいるというのは日本球界の損失だ。

松井は、名門の中心選手という王道を歩んだだけでなく、晩年はケガに苦しみながら球団を転々とした。その当時は「これほどの選手がこんなに苦しんでいるなんて」という目を向けられもしたが、指導者として今後生きていくには貴重な経験になったと言える。スター選手として輝いただけでなく、契約してくれる球団さえなくて1人で黙々とトレーニングを続けていたときの思いは、自分が監督になったときにそういう選手の気持ちを理解して指導するうえで大いに役に立つことだろう。

巨人の原監督が辞任したときには松井監督待望論が叫ばれ、もちろん私も期待していたが、結局は実現しなかった。しかし、いずれは日米の野球のよいところを融合させて、松井秀喜という野球人の経験を指導者として開花させてほしい。

松井には侍ジャパンの監督としての期待も適性もある。第4回WBCの準決勝でアメリカに負けた試合を松井はどう見ていたのか。まずそこを彼に聞かせてもらいたい。私にも稲葉監督にも他の人たちにも、それぞれに「侍ジャパンはいまどうするべきか。どうやってアメリカと戦えばいいのか」という考えはある。しかし、メジャーリーグのど真ん中で活躍し、苦労を重ねてきた松井がどう考えているのか。そこに新たな活路を見いだせるはずだ。いま日本人の多くはそう思っているはずだ。

日本でもアメリカでもファンの期待に応え、自分のこと以上にチームの勝利を考えて生きてきた松井秀喜に、いつかはぜひ侍ジャパンを託してみたい。それが多くのファンの願いであろう。

侍ジャパンの命運を握るヘッドコーチ

稲葉新監督にしろ、いつか誕生するであろう松井秀喜監督にしろ、経験のない人が監督を務める場合、もっとも重要なのがヘッドコーチのサポートだ。監督の経験不足を補い、監督の目となり手となり足となって尽くしてくれる優秀なヘッドコーチがそばにいてくれれば、それだけで百人力である。

経験豊富で、人間的にも信頼できる人をヘッドコーチに呼んでくることができれば、チームは確実によくなる。もしここに単なる気心の知れたお友だちを呼んでしまうことでもあろうものなら、その瞬間に組織は崩壊する。北京五輪で星野仙一が日本代表の監督になったときに、学生時代からの親友である田淵幸一と山本浩二をコーチとして呼んだのを見て、「こんな大事なところで旧交を温めていて勝負なんかできるのか?」と思ったが、やはり、お友だち内閣はメダルもとれずに崩壊した。

稲葉監督が侍ジャパンのヘッドコーチとして、日ハム時代の同僚、金子誠をヘッドコーチとして迎えた。稲葉は、かねてから金子を立派な野球人であると見込んで、厚く信頼しているのだろう。それにしても、まだコーチ経験の浅い金子が、監督経験のない稲葉を十分に支えられるのだろうか。もっと経験豊富なベテランを据えるべきだったのではないか。このコーチ起用を見て、北京五輪星野監督のお友だち内閣の失敗を連想した人は、私だけではあるまい。

しかし、この2人が監督とヘッドコーチで侍ジャパンを率いていくことが決まった以上、2人は監督とヘッドコーチの務めをよくよく考えてもらいたい。本来、ヘッドコーチの資質として必要なのは、細事小事に目が届くことだ。野球という状況判断が重要なスポーツにおいて、その場の状況をいち早く察知してその先を読んで対処していく力は不可欠だ。備えあれば憂いなし。守備の備え、攻撃の備えを敵の後手に回ることなく先手先手で備えておくためには、細事小事に目が行き届くコーチがベンチにいるかいないかで大きく違う。

いまの野球は、あらゆる情報があふれ、野球理論や戦術戦略も高度になって、それをどこのチームも共有しているようなものだ。そうなってくると、どのチームもおおまかなところは変わらない。敵も味方も同じようなことを考え、似たような野球をやろうとしている。では、どこで両者の差が出るかといえば、やはり細事小事に目が行くかどうかなのだ。だからこそ細事小事に目が行き届くヘッドコーチは重要な戦力なのである。

極端なことを言えば、ヘッドコーチがしっかりしていれば、ある意味で監督はあまり野球を知らなくてもいい。もう少し格好のいい言い方をすれば、監督は大局的な見地に立って、細事小事はヘッドコーチを筆頭にコーチ陣に任せ、神輿に乗っていればいい。練習のメニューや選手の指導、技術的なことや体のメンテナンスについても、それぞれ専門家を配し、随時報告を受けたり相談したりしながら進めていけばいい。

そのときに大切なのは、コーチ陣に「この監督のために勝とう」という思いがあるかどうかだ。野球理論や選手の指導が優れているわけではないのに、なぜかみんなが「この監督を優勝させたい」と言って優勝するという例をたびたび目にすることがある。そういう監督のそばには、かならず優秀なヘッドコーチがいるものだ。監督の人柄もあるのだろうが、ヘッドコーチの人格が求心力となってチームと監督を勝利に導いてくれるのだ。

私が最初に監督を務めた南海ホークスでは、ドン・ブレイザーというとても優れたヘッドコーチがいた。この人の働きのおかげで、私はどれだけ助けられたことだろう。監督就任当時、34歳だった私はまだ現役を続けるつもりだったし、まさか自分が監督になるなどとは思ってもみなかったので、それこそ何の備えもなかった。とてもじゃないが、自分に監督が務まるとは思えなかった。

実は、あのとき、球団から選手兼任監督の要請を受けた私は一度、固辞している。理由は単純だ。選手と監督を同時にやるなんて、そんなことは無理だからである。監督の仕事は試合で采配を振るだけでなく、キャンプや練習のときには、選手の練習をよく見て、指導し、選手やチームの状態を常に正確に把握しておくことが大切だ。その仕事をまっとうするためには、自分の練習などしていられない。その反対に選手としていい成績をあげるためには、人の心配ばかりしていないで自分自身の練習をしっかりやらなければいけない。それを両立せよと言われても、どっちも中途半端で終わってしまう。

つまり、どちらか一方を徹底してやらなければ、どちらも不本意な結果で終わってしまう。もし監督要請を受けるなら、きっぱりバットを置くべきだし、現役で選手を続けるなら監督など引き受けるべきではない。34歳の私は、まだまだ現役バリバリのつもりだったから、兼任監督などという半端な形は断固として断った。

しかし、これまで長い間にわたって恩義のあるオーナーに「南海を救ってくれ」と懇願されれば、自分だけわがままを言ってもいられない。私が引き受けることが球団とオーナーのためになるというなら、この身を捧げようと思った。

そのとき、私は一つだけ条件をつけさせてもらった。信頼できるヘッドコーチをつけてほしいと頼んだ。当時、私がもっとも野球人として尊敬していたブレイザーを参謀に迎えることを認めてもらったのだ。

ブレイザーと私は1967年から3年間、チームメイトとしてプレーした。私は本場アメリカのベースボールやメジャーリーグの情報が知りたくて、遠征のときなど2人でよく一緒に食事に出かけ、いつまでも野球の話をしていた。その頃の日本では、いまのようにメジャーリーグ中継もなければ、アメリカの野球事情を知る術がほとんどなかったのだ。

ブレイザーはメジャーリーガーとしては小柄な内野手だったが、とてもクレバーな選手で、野球をよく知っていたし、よく考えてプレーをする選手だった。

「野村、悪いけど、日本の野球は遅れているよ。パワーや技術よりも、こっちのほうが足りないんだ」

そう言って彼は自分の頭を指差した。日本の野球は「考える野球」がまったくできていないという指摘だった。

たとえば、ブレイザーがこんなことを聞いてきた。

「君がバッターボックスに入って、ヒットエンドランのサインが出たら、まずどんなことを考える?」

「見逃しと空振りとフライはダメ。何とかゴロを転がして、ランナーを進めることを考える」

「それだけ?」

「まだ他にもあるんか?」

「うん。一塁ランナーがスタートすると、セカンドかショートが二塁ベースに入るだろ。そのとき、どちらが入るかを見極めるんだ。セカンドが入ったらセカンド方向に狙い打つ。ショートが入るならショート方向に打つ」

いまでは中学生でも知っていることだが、当時、日本の野球はだれもそこまで考えてやっていなかった。

ブレイザーが指摘する「ベースボールと野球の差」は、どれも目からウロコであった。彼が言う「シンキング・ベースボール」に毎回、新鮮な刺激を受けたことは後々、私が「考える野球」を標榜していくきっかけとなった。

私が監督の要請を受けたとき、すでにブレイザーの南海選手としての契約は終了していたので、ヘッドコーチの要請はブレイザーにとっても願ったりかなったりのようだった。後に広島カープのヘッドコーチを務め初優勝に貢献し、その後、阪神の監督を引き受けたほど日本野球への思いもある親日家のブレイザー。彼の指導者としての最初の仕事は、「ノムラの参謀」だった。これは私にとって、余人を持ってかえがたい、恩人と呼ぶべき存在だった。

前年最下位だったチームを監督就任1年目に2位に引き上げ、4年目でリーグ優勝することができたのは、ブレイザーヘッドコーチの功績が非常に大きい。監督経験のない私に対する作戦面のアドバイスも、選手への指導も常に適切だった。とりわけミーティングでブレイザーが選手たちに話す内容は、選手たちはもちろん、私やコーチ陣にとっても勉強になることばかりだった。私が選手としてプレーに集中したいときには、ブレイザーが監督代行として機能してくれた。私が当初心配していたように、兼任してどちらも中途半端に終わることなどなかったのは、南海ベンチにブレイザーがいてくれたからだった。

落合博満が侍ジャパンの監督になれない理由

私が南海をクビになって以来、日本球界には長らく選手兼任監督はいなかった。そこで、後年、ヤクルトの古田兼任監督と中日の谷繁元信兼任監督が誕生したときに「兼任監督が成功するための秘訣は何ですか?」とよく聞かれたが、私はやはり自分がヘッドコーチに助けられたことを思い出して「いいヘッドコーチをつけて、しっかり参謀役を果たしてもらえば兼任監督でも十分に勝てる」と答えた。

しかし、古田兼任監督のヘッドコーチは伊東昭光。谷繁兼任監督のヘッドコーチは森繁和。2人ともピッチングコーチとしてはいいコーチだが、ヘッドコーチとしてはどうだったのだろう。ピッチャー出身のコーチが兼任監督のヘッドコーチとしてふさわしいかどうか私には大いに疑問だった。監督が選手としてプレーしているとき、べンチを預かるヘッドコーチが、細事小事に目が行き届き、手を打たなければいけない。その点では、ピッチャー出身のコーチよりもキャッチャー出身や内野手出身のコーチのほうが適任だろう。

一方、ピッチャーにはピッチャーにしかわからないことがたくさんある。ピッチングコーチの仕事というのは、まさにそこにある。野手出身の監督にはわからないことをピッチャー出身者としてアドバイスしてあげたり、ピッチャーへの指導を任せてもらってよい仕事をすればいいのだ。落合博満が中日の監督をしていたときなど、ローテーションから継投策まで、すべて森コーチに一任していた。私が落合監督に中日のピッチャーのことについて質問すると、決まってこう答えた。

「森に聞いてよ。俺、ピッチャーのことはぜんぜんわかんないもの」

そこまではっきりしているのが落合らしいといえば落合らしいが、それが落合流の適材適所であり、組織論だった。あの有名な日本シリーズでの投手交代、8回までランナーを1人も出さず、あと3人で完全試合達成という完璧なピッチングをしていた山井大介を岩瀬仁紀に交代させて賛否両論が起こったが、あれも落合監督ではなく森コーチの決断だったという。

「俺もどうすんのかなあってドキドキして見ていたんだけど、代えたんだよね、森が」

そう公言できるところが落合監督のすごさなのだろう。

私も球界では奇人変人と言われているが、落合博満という男は私以上の変人である。そこで変人同士、類は友を呼ぶのだろう。落合が中日の監督をしていて私が楽天の監督をしていたときには中日対楽天のオープン戦で、あるいは私が評論家としての仕事で中日のキャンプや試合に出向くと、かならず中日のマネージャーが私を見つけて呼びに来た。

「野村監督、うちの監督が会いたいと言っているんですが、監督室までご足労いただけませんか？」

そうやって、何度も落合監督と野球談議をした。マネージャーは「こうやってお連れするのは野村監督だけなんです。他の方をお呼びしたことはありません」と言っていた。とっつきにくい男ではあるが、打ち解けると本当によくしゃべる。

「話したくない相手とは話さなくてもいいが、マスコミとはちゃんと話したほうがいいぞ。記者連中が『落合監督は何にもしゃべってくれません』って、みんな泣いてるやないか」

そんな苦言を言ったことがある。

「だってノムさん、記者連中って、野球を理解しようとしないんだもの」

「しゃべってあげなさいよ。落合が記者に野球を教えてあげればええやないか。プロ野球は人気商売なんだから」

落合監督の真意は、自分がしゃべりたいとかしゃべりたくないということではないようだった。監督の言動のほうが毎日スポーツ新聞の紙面を飾るのではなく、もっと選手が目立ってほしいということだった。

「それでも監督はマスコミにサービスしなきゃいかんやろ。みんな聞きたがっとるんやから」

落合監督の時代は、中日の練習量の多さは有名だった。私がキャンプ巡りの取材をしたなかでも、練習量は12球団で群を抜いていた。

「これぐらいやらなきゃ、下手っぴは、うまくならないから」

「人間の集中力は、こんなに長時間、続くのか？　この練習量の根拠はなんや？」

「俺はこれが普通だと思う。練習の仕方を知らないいまの子たちに、それを教えてやらないっていうのは指導者の怠慢だと思う」

「すごいな。昔の野球やないか」

「俺はその昔の野球をいまの野球界に取り入れなきゃいけないと思っていたから」

各球団の練習量が昔に比べて減ってきたのは、「ノムさんにも責任がある」と落合は言った。考える野球を提唱して、戦術戦略を重視する野球を浸透させた影響だというのが彼の言い分だった。

「みんなノムさんみたいにキャンプでも頭を使うほうを一生懸命に教えて、体で覚える練習が減っちゃったんじゃないのかな」

「野球は頭のスポーツだからな」

「それは否定しないけどね」

「だったら、そういうことを監督やコーチがミーティングで教えないと選手はわからんやろ」

「でも俺、ミーティング、きらいなんですよ」

「人間は思考と感情を持っているから、それをどう使うかを考えんと」

「そういうことを考えられない選手が多いから。うちは、もともと練習しない球団だったから、いっぱい練習して頭よりもまず体で覚えさせなきゃ。俺、選手に言ってるの。『文句があるなら俺の数字を抜いてみろ。能書きたれるのは、その後にしろ』ってね」

「すごいな、それは。俺にはとても言えんわ」

たしかに、三度も三冠王をとった落合博満にそう言われたら、たいていの選手は何も言えないだろう。落合の野球理論や選手を見る目は卓越したものがある。就任1年目で戦力補強も一切しないで、いきなり優勝してみせたように、与えられた戦力を活かしてどう戦うかということにかけては球界屈指の監督である。

そういう意味では、落合こそ侍ジャパンの監督に、もっともふさわしい人材だと言ってもいいのだが、やはり奇人変人には、お声がかからない。落合博満という男も私と同様、まったく処世術というものを知らない。いまの日本球界は、偉い人たちにお世辞の一つも言えない人間には、監督の座は回ってこないのだ。おまけにマスコミ相手にもリップサービスができないときているから、記者たちには受けがよくない。これでは落合監督待望論がマスコミに踊ることもない。

私の場合は、人気のないパ・リーグ時代の苦労が染みついているから、何を言えば喜んで記事にしてもらえるかをつねに考えてしゃべっていた。私がボヤけばボヤくほど、みんなが面白がってくれるものだから、楽天の監督時代などは、試合の7回頃には、「さあ、きょうは何を言おうかな」と考えていたものだった。それでマスコミやファンには喜んでもらえたかもしれないが、偉い人たちにはゴマもすれず、さっぱり好かれない。私も処世術を身につけておけば、もっと出世していたかもしれない。

第5章

プロ野球を改革する指導者はこう作れ

名選手が名コーチになるための秘訣

名選手かならずしも名コーチならず。

なぜ昔からそう言われるのか。とかく名選手だった人は、自分が選手として実績があるからといって、その経験だけをもとに指導しようとすることが多い。しかも、「名選手」と言われるほどの人には、天才型が多い。天才に勉学は、あまり向いていない。指導者となるための勉強を一生懸命にしなければ選手の育成はおぼつかないのだが、その努力を怠ったまま、監督やコーチを務めている人がいるのだ。

名選手が監督になると、選手たちに向かってよくこんなことを言う人がいる。

「おまえは、そんなこともできないのか」

しかし、そう言われた選手たちは、往々にしてこう思う。

「そりゃあ、監督は天才的な選手だったから、簡単にできたかもしれないけど、俺たちのような並の選手には、そう簡単にできないよ」

まったく、選手の言う通りである。何も考えなくてもできた人にとっては簡単なことでも、考えて工夫して努力しなければうまくできない人にとっては、難しいことなのだ。

「それができれば苦労はしないよ」

選手は、そう思っている。

「できない選手が、できるようになるように教えるのが、あんたたち指導者の仕事でしょ」

これまたその通りである。つまり、できない選手ができるようになるための指導を「元名選手」はしてくれない。または、ちゃんと指導できないのだ。

指導者に必要なことは、正しい理論や技術を言葉で伝える能力だ。ただ単に自分の知識や経験を押し付けるのではなく、その知識や経験をさらに深めるために指導者自身もよく学び、よく研究し、その選手に適した指導をしていくこと。そこで必要なのは、選手が理解できるように、わかりやすい言葉で的確に伝えることだ。

ところが、野球人という人種は、ちゃんと言葉で表現する能力を持っている人が非常に少ない。感覚だけでしゃべっている人が多い。そういう人が監督やコーチになったら、選手にしっかり伝わる表現力などあるはずもない。

そして、侍ジャパンの戦いにおいては、監督コーチの言葉の力が非常に重要になってくる。侍ジャパンは、プロ野球のオールスターが集結したドリームチームと言えば格好がよいが、裏を返せば寄せ集めの急造チームである。近年の侍ジャパンは監督もコーチも「常駐」して、代表候補選手もほぼ決まった顔ぶれという面もあるが、基本的には「その都度ベストメンバーを選ぶ」という集団だ。

そこでは、急造チームの弱点になりがちな一体感の欠如や共通認識の不足を、いかに払拭してチーム力を高めていくかがポイントになる。そのためには、監督コーチの言葉の力が重要になるのだ。

野球選手は人間に必要な体力、気力、知力のうち、体力と気力は人一倍持っている人がたくさんいる世界だが、知力となると残念ながら人一倍足りない人が多い。私は自分の無知無学を恥じる気持ちのほうこそ人一倍強かったから、よく本を読んだ。とくに現役引退後は、暇さえあれば本を読んだり勉強をしたりした。

私は選手生活の後半、30歳半ばを過ぎてからは、引退後の生活をどうするか、よく考えていた。当時、プロ野球界を見渡してみると、監督になっているのは大卒の人たちばかりだった。高卒で監督になっていたのは川上監督ぐらいだったが、打撃の神様と呼ばれる人は神様だから別格なのだ。高卒の私などに監督のチャンスがあるとは到底、思いもよらないことだったのだ。

しかし、野球しか能のない私は、現役引退後も、何とか野球で飯を食う道を考えなければいけない。

「よっしゃ、俺は日本一の野球評論家になってやる」

そう考えた私がやるべきことは、勉強だった。野球の勉強だけでは足りない。言葉の勉強をしなければいけない。テレビやラジオで野球中継の解説をするときに、聞いている人たちにわかりやすい言葉で、なおかつ面白い話ができなければ日本一の解説者にはなれない。スポーツ新聞や雑誌に原稿を書く場合も、読んでくれる人がよくわかるように伝え、「さすがプロの目だな」と思ってもらえる内容でなければ、プロの解説者として失格である。

昔も今も野球解説者のなかには、結果論でしかものを言わない人や聞いている人にちゃんと伝わる言葉を持っていない人がたくさんいる。私はプロとして、そういう恥ずかしい真似だけはするまいと思っていた。

「ユニフォームを脱いだ後は日本一の解説者になろう」と心に決めてからは、自分が選手としてインタビューを受けるときや記者たちと雑談するときにも「さすがプロだな」と思われるようなことを話そうと心掛けていた。そのためには、自分の経験や感覚だけで話していてはいけない。私の話を聞いた人たちが「野村の話は面白いな」とか「プロ野球選手には、そんなことまで考えている人がいるのか」と思うようなことを言うために、もっと野球を勉強し、言葉の勉強をし、人に伝える力をつけなければいけないと思っていた。

私はキャッチャーとして、つねに観察力、洞察力、判断力というものを磨こうとしてきた。それがバッターとしても武器になったし、兼任監督としても役に立った。そして、今度はそれを多くの人たちにわかりやすく、面白く伝えられるような言葉や表現力を身につけなければいけないと考え、日頃からそのための努力をした。

そうした訓練を積んだおかげで、いざ評論家になってからは、「野村が解説する野球中継は面白い」と評価されるようになった。たとえば、キャッチャーとして配球を考えたり、バッターとして配球を読んだりしていたことを視聴者にわかりやすく伝えるために「野村スコープ」というものを考えた。ストライクゾーンを9分割の図で画面に示して、次にピッチャーが投げる球を予測したり、バッターの狙い球を解説したりした。これは、いまでこそどこでもやっていることだが、当時はどこにもなかった。私のオリジナルである。

その延長線上に生まれたのが、『江夏の21球』だった。ノンフィクション作家の山際淳司さんが、広島対近鉄戦の日本シリーズ最終戦の最終回で江夏が投げた21球について、私に解説を求めてきた。それをNHKのドキュメンタリー番組で放送し、後にその詳細を本にしたものが評判を呼んだ。

「野球とは、こんなに奥が深くて面白いものだということを初めて知りました」

そう言って喜んでいた山際さんも、いまはこの世にない。野球の配球ということの面白さとバッター心理やピッチャー心理を1球ごとに克明に伝え、多くの野球ファンのみならず野球をあまり見なかった人たちにも喜ばれる作品を世に出した山際さんの功績は大きい。そのお手伝いをさせてもらったことは、私にとっても誇りである。いつか私も天国のグラウンドに行ったときには、山際さんとゆっくり野球の話をしたいと、いまから楽しみにしている。

「説教力」で優勝した監督

短期決戦を戦う侍ジャパンにおいて、チーム全員が戦う上での共通認識を有することは不可欠だ。それを監督からコーチや選手全員に伝える場は、ミーティングしかない。ところがどうも最近の各球団のミーティングは縮小傾向にあるようだ。各監督が選手に訓示を与え、選手たちがそれを教訓にするというのは「古めかしい」と受け止められているのだろう。しかし、プロ野球選手として大事なことを、指導者たる監督が直に言葉で伝えなくて、だれが伝えるというのだろう。

たしかに長いミーティングというのは昔から選手にとって苦痛を伴うものではあるが、だからと言って避けて通るべきものではない。監督たるもの、選手に「話が長いなあ」と感じさせるような冗長な話ではなくて、選手に響くような的確な話ができれば、「長い」と感じさせることなどないのだ。選手の受けを狙う必要はないが、興味深くて飽きさせない話ができるようでなければいけない。

現役引退後、野球評論家となった私のテレビでの解説や、新聞や雑誌に書いた原稿を見て、多くの野球ファンの人たちから「野村の解説は面白い」という声をいただいた。勉強した甲斐があったと思った。そして、それが後に監督としてミーティングの席でも役に立った。私の言葉の力を認めてくれたのは、野球ファンの人たちばかりではなかったのだ。

ある日、ヤクルトの相馬球団社長が私のもとを訪ねてきた。前にも触れた通り、相馬社長とは、その日が初対面だったが、私の解説や原稿をいつも熱心に見てくれていたようだった。相馬社長はこう言った。

「これこそ本物の野球だと感服しておりました。野村さん、ぜひヤクルトの監督を引き受けてください」

うれしかった。一生懸命やっていれば、ちゃんと見てくれる人はいるものだと思った。日本一の野球評論家になろうと思って、現役時代からそのための努力を重ね、それが実を結んで評論家として高い評価をいただき、今度はその評論活動のおかげで、何の縁もなかった球団から監督として呼んでもらったのだ。

そして、評論家として多くの人たちに野球の面白さや奥深さを伝えるために勉強してきたことを今度は指導者として活かす番だった。つまり、野球の技術を教えることはもちろんだが、ただ投げたり打ったり走ったりするだけではなく、野球選手に必要な観察力や洞察力や判断力といった無形の力を身につけさせるために、選手やコーチにわかりやすく伝えなければいけない。

また、監督の大事な務めは、選手たちに「プロ野球選手である前に、立派な社会人であれ」ということを教える必要がある。

私は現役時代、よく森祇晶とこんな話をした。

「川上監督って、どんなミーティングをするんや?」

「野球の話は、ほとんどしないよ。野球の話は牧野コーチたちに任せて、監督は人間教育の話ばかりだよ」

私はヤクルトの監督になったとき、まさにそういう川上監督の姿勢をお手本にしようと思っていた。野球以前に大切なのは、川上監督のように人間学や社会学を選手に教育することなのだ。

幸か不幸か、私には、自分が無知無学だというコンプレックスがあったから、「野球バカにはなりたくない」という一心で、本を読んだりいろいろな勉強をしたりしてきた。そのなかから選手に伝えたいことは山ほどあった。

「人間は思考する生き物であり、野球は考えるスポーツである。知らないよりは知っておいたほうがよい。さあ、今日もミーティングを始めよう」

春のキャンプは、毎晩、私のそんな言葉で始まった。

最近の監督は、そういう話をしない。選手が訓示めいた話を嫌うからなのか、そもそもそうした訓話を知らない監督ばかりなのか。

川上監督だけではなく、かつて名監督と呼ばれた人たちは、どの人も言葉に重みがあり、説得力があった。私が長年仕えた鶴岡監督は、非常に説教が上手な監督だった。当時の精神主義の代表的な監督で、野球理論については教わったことがないが、その「説教力」で南海を優勝に導いた人だった。観察眼があって、たるんでいる選手や驕っている選手などの気の緩みを引き締めるための言葉が巧みだった。ガラガラ声で喉の奥から発する言葉には迫力と説得力があった。

ライバルだった西鉄ライオンズが黄金時代を迎えていた頃、西鉄戦のときには、その中心選手である中西太、豊田泰光、稲尾和久といった選手を見ながら、ベンチでよく私たちにこう言った。

「おまえら、よう見とけ。あれが本物のプロや」

そうやって他球団の選手はよく褒めるが、味方の選手は褒めたためしがない。私を筆頭に、いつもこう言われた。

「おまえらは、プロとして、まだまだ甘いのう」

強いプロ意識を持たなければいけないということを、口を酸っぱくして言い続けた。

鶴岡語録としてもっとも有名なのは、こんな言葉だった。

「グラウンドには銭が落ちている。銭の稼げる選手になれ」

プロ野球という出来高払いの世界で、選手を発奮させるためには、当時としては、もっとも響く言葉だった。プライドが高く、わがままな人間の多いプロ野球選手たちには「チームの勝利のためにがんばれ」ときれいごとを言っても動かない。「がんばればがんばるほど金をもらえる世界なんだから、もっとがんばってたくさん稼げ」と言われたほうが、モチベーションにつながるのだ。

とくに私のように「貧乏はもう嫌だ。金持ちになりたい」と思ってプロ野球の世界に飛び込んだ者にとっては、これほどわかりやすい教訓はなかった。疲れたり、あまりやる気が起きなかったりというときでも、「いかん、いかん。こんなことでは銭が取れん」と自分を戒めることができた。それでもなお、私は、いつも鶴岡監督にこう言われた。

「おまえは、いよいよ銭にならんやっちゃのお」

それが非常に悔しかった。いい発奮材料になった。そのおかげで三冠王になったり、優勝に貢献することができたりしたのだから、鶴岡監督の説教にはそれだけの力があったということだ。

人間は感情の生き物である。その選手の感情をどう動かすかというのが、監督の腕の見せ所なのだ。そして、選手の感情を動かすのは、言葉の力だ。

監督力＝言葉力。

私はいつもそう思っていた。だからこそ、いつでも言葉を探し、言葉を磨くことを心がけていた。「いまどきの若い者は」などと愚痴を言う暇があったら、いまどきの若い者の心理を読めるようになろうと考えていた。いまどきの選手には、どういう言葉が響くのかということを考えながら話すようにしていた。

人間、一生、勉強。

その気持ちがなければ、指導者は務まらないのである。

プロがアマチュアに学ぶべきことがある

プロ野球は、人気商売である。人気がある選手のところには人がたくさん集まり、観客動員数もテレビの視聴率も増えて、球団の興行成績も上がる。人気のある選手が1人でも多くいるほうが球団の収益は上がる。昔であればON、いまならば大谷翔平のようなスターを、各球団は喉から手が出るほど欲しいのだ。

プロ野球は、ショービジネスであるから、それは当然のことだ。しかし、問題は、人気のある人を監督にしようという発想だ。現役時代に人気選手だったということと、監督としての適性があるかどうかということは、まったく別の問題なのに、人気のある人を監督にして集客力につなげようという球団の姿勢には賛成できない。

百歩譲って、どうしてもスター選手だった人を監督にして、球団の人気につなげて興行成績を上げなければ経営が立ち行かないというのであれば、その人気選手を一人前の監督として育てる努力をしてから就任させるべきだ。

そういう養成期間も設けず、指導者としての教育もしないまま、きのうまで選手だった人をいきなりポンと監督の座に就かせてしまうのは、どう考えても危険なことだ。「この人が選手として人気があったのは、努力家で人柄もよかったからだ。選手としての実績も経験も申し分ないのだから監督としてもやっていけるだろう」

その程度の見込みで監督など任せるべきではない。近年の監督の契約期間の短さを考えると、「やらせてみたけどダメだったから、やめさせよう」と2〜3年でクビになってしまう。せっかく「努力家で人柄がよくて実績もある選手」なら、なおのこと、そういう貴重な人材をつぶしてしまうことがないように、指導者としての教育を受けさせてから監督にするべきだ。

私はもうずいぶん前からプロ野球の監督の人材難に危機感を覚え、ことあるごとに人材育成の必要性を訴えてきた。

「プロ野球は深刻な人材不足に陥っている。監督にふさわしい人間がほとんどいない。コミッショナーは、いますぐ監督養成機関を立ち上げて、指導者講習会を開催するべきだ」

いくらそう言い続けても、だれも動こうとしない。そうこうしているうちに、勝てなければすぐに監督をコロコロと代えてしまうという軽薄な人事のおかげで、ますます人材難が進み、「こんな人が監督になるなんて、プロ野球もついにここまで来てしまったのか」という事態が起きてきた。

もはや待ったなしである。「名監督」は絶滅危惧種になった。コミッショナーおよびNPBは、監督を育成するための指導者講習会を行わなければ、監督の人材難だけでなく、プロ野球そのものが衰退の一途をたどってしまう。

アマチュア球界には指導者講習会というシステムがすでにある。私も社会人野球の全国の監督を集めた講習会に呼ばれたことがあるが、とてもいい企画だと感心した。どこへ行ってもアマチュア球界の指導者は、みな勉強熱心で頼もしい。私の話を真剣に聞いてくれるのはもちろん、質問がとどまるところを知らない。その質問も実に鋭くて重要なテーマばかりなのだ。

彼らは、私が来ることを事前に知って、「野村さんが来たら、あれも聞こう、これも聞きたい」という事柄のなかから、重要なポイントをまとめておいて、的確な質問を向けてくるのだ。そのおかげで、非常に意義のある質疑応答ができる。

高校野球の練習試合などに出かけたときにも、指導者たちは私を見つけると、別室に連れ出して、質問攻めにしてくる。そのどれもが大切な事柄ばかりなのだ。彼らは教育者であるから、高校生をどう指導し、どう育てるかということに長年、自分の人生をかけて取り組んでいる。そのなかで、日夜、考え、日々苦悩しながら選手たちと向き合っているからこその疑問や悩みや迷いなのだ。それを「この機会にぜひ野村監督の意見を聞きたい」ということで、私をつかんで離そうとしない。

だからこそ、こちらも一生懸命に考えて答えようと努めた。「こりゃあ、いい加減なことは絶対に言えんな」と緊張もした。彼らの指導者としての姿勢と情熱には頭が下がる思いだったが、同時にこう思った。

「プロ野球の監督やコーチにも、こういう向上心と研究熱心な姿勢があれば、人材難などにならないはずなのになあ。プロの指導者は、アマチュアの指導者の姿勢に学ばなきゃいかんな」

私は長年プロ野球の世界にいて、いまだにこうして球界に対してボヤいたり意見を言ったりしているが、現場の監督やコーチから質問を受けたことなど一度もない。私の話など聞きたくもないと思っているのか、なんの勉強にもならないと思っているのか知らないが、だれも何も聞きに来ない。私はこう見えても聞かれれば何でも丁寧に答えるし、私などの知識や経験でも役に立つならどこへでも出かけて行って話したいと思っている。

こちらはそう思っていても、だれも来ないというのは、私の人徳のなさかもしれない。「野村は面倒くさいオヤジだから」と敬遠されているのだ。本当は心優しいオッサンなのだが、近寄りにくいと思われてしまう。

「人には添うてみよ、人には会ってみよ。馬には乗ってみよ」という言葉がある。外見や印象や噂だけで判断しないで、実際に会って話してみなければ、その人の本当のことはわからない。しかし、愛想笑いもできなければ、人のご機嫌も取れないのが私の最大の欠点だ。仮に表面的であっても、いい顔のひとつもしてみせることができなければ、新たな人間関係は生まれないのだ。人付き合いが0点の人間は、たしかに、我ながら面倒くさい男である。

いますぐ実行すべき指導者講習会要綱

プロ野球の世界では、だれでも監督やコーチになれる。球団幹部やオーナーが「この人にやらせよう」と思えば、だれを監督やコーチに指名してもいいし、その監督が「この人にコーチをやらせたい」と思えば、だれでもコーチになれる。要は、何の資格も必要ないし、免許も必要ない。

考えてみれば、そもそもそこが問題だ。適性検査もなければ、資格試験もないのだから、本当にその監督やコーチに適性や能力があるかどうかは、実はだれも判定できないのだ。それが、プロ野球の指導者の人材難の要因だ。

いったい、これで本当にプロと言えるのだろうか。どの世界でもプロになるためには、それなりの資格や試験や修行制度というものがある。医者には医師免許、弁護士には司法試験、教師には教職課程と採用試験がある。プロ野球の指導者にも、そういうシステムが必要だといくら私が訴えても、だれも耳を貸してくれない。相変わらず、プロ野球界は慣習や人気やコネで監督やコーチが決められ、ろくに修行もしていない人が選手の指導にあたっている。だから、監督の人材不足は深刻さの度合いが、ますます深まっていくばかりなのだ。

一方、サッカーは、指導者になるためのライセンス制度がしっかりしている。どんなにJリーグや海外のチームで活躍した選手であっても、指導者になるための講習を受け、資格を得なければ、基本的には監督やコーチになることができない。しかも、プロの選手への指導だけでなく、下部組織のコーチや監督も、そのライセンスがなければ指導することはできないのだ。

Jリーグという組織は、J1というトップチームを頂点としたピラミッドがしっかり形成され、少年少女たちもその傘下のチームに所属して指導を受けることができる仕組みになっている。野球もぜひ見習うべき素晴らしいシステムだと思う。野球人口の減少を食い止め、健全な野球教育を進めていくためにも、ぜひ参考にするべき取り組みである。野球人気がサッカー人気に逆転された原因も、ここにあると見るべきだろう。

こうした取り組みを成功させてサッカーの普及を推し進めたのは、Jリーグの創設者である川淵三郎さんだ。Jリーグが発足したばかりの頃には、2人でこんな話をしたことがある。

「川淵さん、サッカーがプロ化したら、野球界は大変なことになりますよ」

「いやいや、野球には、どう考えても勝てませんよ」

しかし、やがて子どもたちは「野球よりもサッカーがいい」と言い出し、実際に少年野球選手や高校野球選手の数はどんどん減っている。いまこそ、サッカーを見習い、遅ればせながら指導者講習会を始めなければ、野球はますますサッカー人気に押しやられてしまうことになる。

スポーツ界は共存共栄。野球もサッカーも、選手やファンの奪い合いをするというのではなく、お互いに繁栄していくことが大切だ。しかし、野球が遅れていて、サッカーが進んでいるところは、追いついていかないと差は広がってしまうばかりだ。プロ野球は、いまこそ改革が必要なのだから、なんとしても指導者講習会を実現するべきだ。

では、その講習会のカリキュラムや講師はどうするか。当然、指導者として必要なコーチングの専門知識や野球の技術や理論、アスリートの体作りや健康管理などの専門知識を教える講師が必要だ。

そうした野球の専門的なことは、講習メニューの決定も講師の選任も容易に進められるだろう。そうした知識や経験の豊富な人材を講師に選任することも大切だが、それ以前に私が重要視しているのは、やはりプロ野球選手が社会的に尊敬される人間であるためには何が必要かということを教えられる講師を呼んでくることだ。

さしあたって、もっとも身近なところにいるよい講師として、各球団の親会社やグループ企業の経営者たちを呼んではどうか。彼らは、立派な企業のトップリーダーとして、組織の内外を問わず尊敬される人物である。もっとも、なかには、そうでもない人がいるのかもしれないが、基本的にプロ野球の球団を持つほどの企業のトップは、プロ野球の社会的意義やプロ野球選手の社会的責任について、監督やコーチに教育する術は十分に備えているはずだ。

優秀な経営者であればあるほど、「私は野球の専門家ではないから、現場のことは監督やコーチにお任せして、余計な口出しはしない」という姿勢の人が多い。しかし、そういう人ほど、野球の指導者たちにプロ野球の社会的使命について、見識ある話をしてもらいたい。野球しか知らない監督やコーチたちには、そういう教育こそ必要なのだ。そもそも野球しか知らない選手たちには、そういう教育がもっとも必要なのに、監督自身が野球しか知らないのでは、選手に教えようがないのだ。

プロ野球のオーナーたちのなかには、「なるほど日本の一流企業の経営者というのは、一流の人間だな」と思うような人がちゃんといる。たとえば、ソフトバンクの孫正義さんは、大変に立派な人物である。私が楽天の監督を務めていたとき、通算15

00勝を記録した日に、真っ先にお祝いを贈ってくれたのが孫さんだった。よその球団の監督にまでこういう気配りをし、敬意を払ってくれるとは、さすが一代で世界のソフトバンクを作り上げた経営者だと感服した。こういう素晴らしいオーナーがいるからこそ、ホークスはこれだけの強豪チームに育ったのである。

川淵三郎さんをコミッショナーに

プロ野球とは、何のためにあるのか。指導者講習会では、監督やコーチたちに真っ先にそれを理解させなければならない。

プロ野球は、世のため人のためにある。プロ野球選手とは、世のため人のために尽くす使命を持っている。そんなことを考えたこともない監督やコーチが、いまはたくさんいる。みんな自分のことしか考えていないのだ。自分が勝つこと、自分の球団が優勝して自分の地位や名誉が得られること、それさえできれば幸せなのだ。世のため人のためなど考えたこともないし、選手にそういうことを言おうとも思わない。これではプロ野球がファンに愛され続けることもできない。ただ野球だけを一生懸命やっていればいいなどという利己的なプロ野球界に未来はない。

その点、川淵三郎さんがJリーグを作ったときからの理念として、社会貢献と青少年の健全な育成を掲げたのは、大変に立派なことだった。ただきれいごとを言っているだけではなく、社会のためにサッカー協会やサッカー選手は何をするべきかということを考え、それを実現するためにJリーグの組織体制作りや運営を次々に打ち出し、それをサッカー界全体に浸透させていった。

その川淵さんが、いつまでたっても内輪揉めをやめられない日本のバスケットボール界に乗り込んでいって、見事に内紛を終息させてBリーグの創設にこぎつけたのは、さすがというべきだった。

「この人がプロ野球のコミッショナーになってくれんかなあ」

私はいつもそう思っていた。川淵さんなら、プロ野球界が抱えている問題や旧態依然とした体質を改革して、プロ野球界を立派に立て直してくれるに違いない。

日本プロ野球のコミッショナーというのは、よく「ただのお飾り」と批判されるように、積極的な改革を行おうという姿勢がほとんど見られない。それもそのはず、コミッショナーは、実力のある球団経営者が、自分の息のかかった人を法曹界などから呼んできたりするが、実質的にプロ野球界の重要事項を決めているのは有力なオーナーたちだ。コミッショナーは、オーナー会議の意向に逆らえないのだから、球界運営の意思決定機関にはなりえないのが現状だ。

それでも、ごくまれに気骨のある人が就任することもある。たとえば、２００２年にコミッショナーになった根来泰周さんは、プロ野球界を改革することに前向きで、「球団の論理ではなくファンの立場に立って考えよう」という考えを持った人だった。

私も根来コミッショナーに「野村さんの話を聞きたい」と呼ばれて、１対１で話をしたことがある。こんなコミッショナーは、後にも先にも根来さんだけだった。せっかくの機会だからと思い、日頃から私が球界に対して抱いていた問題点について話をさせてもらったが、聞く耳を持った立派な人だった。

「この人なら、オーナー会議にもちゃんと意見を言って、ファンのため選手のための球界改革を進めてくれるんじゃないか」

そう期待していたが、こういう人に限って、やはり古参の有力オーナーに快く思われない。志半ばで任期を終え、２０１３年に天国のグラウンドへ旅立った。熱心な阪神ファンだった根来さんは「金を払って切符を買って見なければファンの気持ちがわからん」と在任中も貴賓室などではなく、お忍びで観客席に足を運ぶような人だった。

それにしても、川淵さんをプロ野球のコミッショナーとして迎えることに賛同する人は私の他にもたくさんいるはずだが、相変わらず「サッカーの人間に任せるほどプロ野球は落ちぶれていない」などと言う人たちが幅を利かせているのだから残念なことだ。

それでも、せめて、NPBは、指導者講習会の講師のトップバッターとして、ぜひ川淵さんを呼ぶべきだ。過去の栄光にすがってばかりで球界改革に不熱心なプロ野球は、日本一のプロスポーツ界の知恵者、川淵三郎の目にどう映っているのか。監督コーチはもちろん、各球団幹部も出席して、川淵さんの話に耳を傾けるべきだ。もちろん私も受講生の一人として、静聴させていただくつもりだ。

メジャーリーグの名監督を講師にせよ

プロ野球に指導者講習会を常設するべきだという話を私があちこちでするたびに「では、その校長先生に野村監督がなったらどうですか?」と言われる。

「野村監督だったら、その講習会にどんな指導要綱を作りますか?」

「世の中には、私などよりよっぽど野球を知っている人がたくさんいるし、ちゃんと社会というものを知っている立派な人がいるんだから、そういう人を呼んできて、私も一緒に話を聞いて勉強させてもらいたい」

「野村監督が教える側に立つんじゃなくて、教わる側に回るなんて、また嫌味な謙遜ですね」

「いやいや、これは嫌味じゃなくて、本音や。俺は自分をヘボ監督だとずっと思っておったから」

「そんな、1565勝もしている監督が何を言うんですか」

「いや、1563敗もしているのは、日本では俺だけや。立派なヘボ監督やろ」

「じゃあ、野村監督が教えを請いたい名監督とは、どういう方なんですか?」

「そうやな。一番は川上監督とか三原監督、水原監督やな」

「みんな亡くなってますよ。その監督の話は、野村監督があの世に行ってからゆっくり聞いてください」

「そうやな。じゃあ、メジャーリーグの名監督たちに来てもらって、じっくり話を聞かせてもらいたいな。まだ生きてる歴代メジャーの名監督がいるやろ」

「元ドジャースのラソーダ監督とか、松井秀喜がヤンキースにいたときのトーリ監督とか?」

「そりゃ、ええな。ぜひ来てもらいたいわ。聞いてみたい話がいっぱいある」

メジャーリーグで名門といわれる球団で長年にわたって監督を務め、何度も優勝している名監督たちは、私たちが知らないことをたくさん知っているであろう。私たちには、まだまだ知らないことがいっぱいある。そういうことを彼らの口から聞いてみたい。そこには、新しい発見がたくさんあるはずだ。

野球は難しい。私はプロ野球の世界で60年以上勉強してきたが、野球は、わからないことだらけだ。知れば知るほどわからないことが増えてくる。

すでに述べたように、南海の兼任監督だったとき、ブレイザーをヘッドコーチに迎え、キャンプでは毎日ミーティングで彼に1時間ほど話をしてもらった。そのとき、私は話を聞くたびに新たな発見があった。「ブレイザーを呼んできて大正解だったな」と心から思った。

そういう原体験があるから、私はつねに「人の話は聞いてみるものだ」と思ってきた。聞けば聞くほど理解が深まるし、新たな考えが浮かぶヒントになったり、自分のなかに誤解や偏見があったことに気づかされたりする。

もし仮に、せっかくだれかを呼んできて話を聞いても、たいして感激がなかったとしても、それはそれでプラスなのだ。自分が期待したほどではなかったとしたら、それだけ自分が成長したことを確認できる。これだけ自分よりも高いレベルにいると思っていた人に少し近づいてきたんだな」と自信に変えればいいのだ。

名監督や名コーチと呼ばれる人たちは、もちろん野球以外のジャンルにも大勢いる。とくに五輪で世界のトップ選手と戦ってメダルをとっている競技の指導者たちは、みな世界でトップレベルのコーチングを身につけている。日本が世界のトップレベルにいる競技、競泳やシンクロナイズドスイミング、柔道やレスリング、体操やフィギュアスケートといったスポーツの指導者に講師を頼んで話を聞かせてもらいたい。

そこには、小さい頃から野球しか知らなかった野球人には思いもよらない指導方法や、目から鱗が落ちるような教訓がたくさんあるはずだ。いままで野球界の監督やコーチが、自分の経験や感覚だけで指導していたことが恥ずかしくなるような話もあるだろう。

各スポーツの名伯楽たちは、世界のトップアスリートを育てるためには指導者自らがトップレベルのコーチングを学ばなければいけないということをだれよりも知っている。野球界にもそういう監督コーチが1人でも多く育ってくれるように、1日も早く指導者講習会を実現してもらいたい。

女性心理とピッチャー心理

力はあるのに、それを本番で発揮できない人というのが、どの世界にもいるものだ。野球の場合、練習のブルペンでは素晴らしいボールを投げるのに、いざ試合のマウンドに上がると別人のように情けないピッチングしかできない選手がいる。あるいは、二軍では飛びぬけた活躍をするのに一軍の試合に出すとサッパリな選手もいる。

そういう選手をどう育てるか。そこが指導者の手腕が問われるところだ。

選手を育てるとは、自信を育てることなり。

私はいつもそう思っていた。十分に力があるのに、その実力を出しきれないというのは、自信が持てないからだ。いつも不安を感じたままプレーしているから、本番で力が出ないのだ。

そういう選手には自信を持たせてあげることが必要だ。では、どうやって自信を持たせるのか。それは言葉である。選手の不安な心を自信に変える言葉を指導者は持っていなければいけない。

「おまえには実力がある。大丈夫、自信を持て」

そう言っただけで自信を持てるなら監督はいらない。どんな言葉をかけてあげれば、この選手は自信を持てるようになるか。どういうタイミングで言葉をかけてあげれば自信がつくか。それを見極めるためには、そのときだけでなく、いつでも選手をよく観察していなければいけない。

プロ野球選手は、基本的に自信家が多い。とくにピッチャーは、自惚れ屋さんが多い。自信を持つのはいいが、自信過剰は自惚れにつながる。自信がない選手には自信を育ててやり、自惚れている選手は引き締める。それが監督の大事な務めなのだ。

無視、賞賛、非難。私はしばしばその3つを段階ごとに使い分けていた。三流は無視。二流は賞賛。一流は非難。選手が不安や自信や自惚れを自分でコントロールできずにいるときには、その3段階の接し方をすることで、選手を目覚めさせようと努めたこともあった。

鶴岡監督は、新米キャッチャーの私が挨拶しても、ろくに私のほうを見もしなかった。ほとんど無視である。ところが、レギュラーになって3年ほどたった頃、初めて、たった一言「おまえ、ようなったな」と褒められた。この一言が、私にとって大きな自信になった。この一言が、後々まで私の支えになったと言っても過言ではない。しかし、それ以来、一度も賞賛されたことはなく、非難続きの日々だった。それが、タイトルをとれる選手になって、ついつい自惚れがちな私の戒めになっていた。

「南海でチームに貢献しているのは杉浦1人だけや」

いつも鶴岡監督にそう言われて、「1人で野球ができるもんか」と反発心を持っていたが、もし「優勝できたのは野村のおかげや」などと言われていたら、きっと有頂天になった私は、そこでおしまいになっていたかもしれない。

なにしろ、ホームラン王のタイトルを連続してとれるようになった頃は、こんなふうに思っていた。

「このバッテリーは、なんで俺にこんな配球をしてくるんやろ。これなら、いつでも打てるやないか。こいつらアホちゃうか」

そんなふうに相手をバカにして見下ろすような態度をしていた私を監督が褒めそやしていたら、すっかりいい気になっていたことだろう。危機感は良、慢心は悪である。

そう考えれば、鶴岡監督が杉浦を褒め続けていたことにも、いくぶん合点がいく。杉浦は、すごく真面目で、とても気の優しい男だった。そういう人間は、つい自信をなくすことはあっても、自惚れることはない。たしかに、力はあるのに自信を持てない選手というのは、とても真面目な人が多い。そういう人には、褒めて自信を育ててあげることが必要なのだ。

鶴岡監督譲りで、どうも選手を褒めるのが苦手だった私が、ようやく褒めることができるようになったのは、楽天の監督になってからだった。70歳を過ぎて、やっとできるようになったのだ。

もっと早くそれができるようになっていれば、私の人生も変わっていたかもしれないと、この頃よく思う。とくに、女性を褒めることができたら、もっと違う人生だったはずだ。私は自分が女性にまったくモテないのは、不細工な顔のせいだと思っていたが、どうも違うようだ。

「俺は、ぜんぜん女にモテテん。せっかく男としてこの世に生まれたのに、女にモテないのは人生最大の不幸や」

そうボヤいていたら、プレイボーイで知られている人に、こう言われた。

「監督は女性を褒めないからモテないんですよ。女の人は、何でもいいから褒められたいんです。顔かたちやスタイルだけでなくても、『その髪型よく似合うね』とか『その洋服、かわいいね』と言ってあげれば喜ぶし、好かれるんですよ。男の顔なんて、たいして関係ないんです」

そう言われても、いまさら女性を褒める術を身につけるのは、きわめて困難なことである。バッター心理やピッチャー心理を読むことにかけてはだれよりも自信があるが、女性心理を読み取ることだけは最後まで自信がない。これでは「モテない、モテない」とボヤき続けて終わるしかなさそうである。

第6章

ノムラが選ぶ
ベストオブ侍ジャパン

日本の真のエースはだれか？

侍ジャパンが東京五輪で金メダルをとるためにもっとも重要なのは、ピッチャーである。「野球の勝敗の8割はピッチャーで決まる」とはよく言われるが、国際大会という短期決戦は、さらにピッチャーの重要性が高くなる。

思い出してみてほしい。アテネ五輪で金メダルを逃した日本が、銅メダルにとどまったのは、準決勝の相手だったオーストラリアのピッチャーをまったく打てずに負けてしまったからだ。当時、オーストラリアの野球レベルは、「まだまだ日本に及ばない」とだれもが思っていた。

ところが、オーストラリアの2人のピッチャーが好投して日本を0点に抑え、2対0で勝って決勝に進出した。そのピッチャーの1人は当時、阪神が誇るリリーフ陣、JFKのジェフ・ウィリアムスだった。ピッチャー以外は、明らかに日本のほうが上だったのに、ピッチャーが相手を0点に抑えれば、こういう番狂わせが起こる。それが野球の面白いところであり、怖いところなのだ。

何度でも言うが、中心なき組織は機能しない。野球の場合、その中心とは、とりもなおさず、マウンドという野球場の中心に立っているピッチャーである。そして、ピッチャーのなかでも、エースこそが、その中心である。

第4回WBCでの投手陣を見るかぎり、大黒柱は菅野智之だった。菅野というピッチャーは、最近のプロ野球のなかでは、もっともエースらしいエースである。まず、菅野は私が常々力説している「原点能力」が素晴らしい。アウトコース低めいっぱいにビシッと決まったボールは、バッターが「来る」とわかっていても手が出ないほどに磨かれたボールである。

そして、このボールのコントロールだけでなく、すべてにおいてコントロールがいい。それがこのピッチャーの武器だ。なにしろ、「2ボール0ストライク」というカウントになったのをほとんど見たことがない。初球か2球目のうちにかならずストライクを取る。最初の2球で「0ボール2ストライク」または「1ボール1ストライク」というカウントを作って、3球目で何を投げるかという組み立てをしている。

つまり、前に説明した通り「0－0」から始まって「3－2」まで12種類あるボールカウントによって、どのボールで追い込み、どのボールで仕留めるかということが、ほぼ完璧に計算できるピッチャーなのだ。

菅野のピッチングを見ていると、まるで往年の稲尾和久のピッチングを見る思いがする。稲尾というピッチャーは鉄腕と呼ばれたが、剛速球投手というわけではない。球の速さだけなら彼より速いピッチャーはたくさんいた。稲尾の最大の武器は、まさに針の穴を通すと言われるコントロールだった。そのコントロールで、菅野同様に早いうちにどんどんカウントをよくしてバッターを追い込んでしまうから、こちらは満足なバッティングをさせてもらえない。

オールスターなどで稲尾とバッテリーを組むと、さらにコントロールのよさに舌を巻いた。

「ノムさん。初球はミットをここに、2球目はここ、3球目はここに構えてよ。それだけでいいから」

そんな打ち合わせをして、実際にマスクをかぶってみて驚いた。その通り、ミットを1ミリも動かさずにボールが吸い込まれてきた。こんなピッチャーは、後にも先にも稲尾だけだった。その稲尾を思い起こさせるような菅野の制球の精度は、日本のエースと呼ぶにふさわしい。これは守っている野手も、リズムがよくて相当に守りやすいはずである。

それにしても、稲尾は、いい時代に投げていたと思う。あの時代は明らかにストライクゾーンが広かった。当時、パリーグに浜崎忠治という審判がいて、この人はとりわけ広かった。稲尾が先発で浜崎さんが主審の日は「ああ、きょうはあかん」と覚悟した。それは稲尾もよくわかっているから、他のときより左右にボール1個分、広めにゾーンを使う。私がバッターのときは「え、ボールでしょ?」という言葉が喉まで出かかるが、そう言えない。私がキャッチャーをしているときにも、そこをストライクにしてくれるからだ。

いまの審判というか、いまのプロ野球のほうが、ルールに忠実だから、ストライクゾーンが厳密で狭い。いまのピッチャーのほうが苦しいはずである。ただ、菅野クラスのピッチャーになると、審判がボール臭い球でも、つい「ストライク」と右手を挙げてしまうことがある。

なぜそういうことがあるのか。審判が「う〜む。いいボールだ」と思わず惚れてしまうようなボールが、きわどいコースに決まるからだ。故意にアンフェアな判定をしようとしているわけではないが、審判も野球人であり人間だから、いいボールに見惚れて右手を挙げてしまうということは昔からある。稲尾といい、菅野といい、審判を自然に味方につけてしまうほど、抜群のコントロールをコーナーいっぱいに投げ切る能力があるということだ。

WBCでのアメリカ戦、菅野はアメリカの四番バッターをアウトコース低めいっぱいのストレートで三振に打ち取っていた。東京五輪でも侍ジャパンのエースは、この男をおいて他にいないだろう。

第2の千賀を発掘せよ

第4回WBCでの侍ジャパンの試合には、いくつも見どころがあったが、なかでも千賀滉大というピッチャーには目を見張った。切れのいいストレートとフォークボール。そのフォークはカウントを取るボールと決め球に使うボールの2種類がある。そして、このストレートと2種類のフォークを投げるときの腕の振りがまったく変わらない。バッターはピッチャーの腕の振りに合わせてバットを振っていく習性があるから、ストレートと思って打ちにいったのに落差のあるフォークが来たというのではお手上げだ。事実、アメリカの各バッターはそうやって幻惑されて凡退していた。

まったく無名の高校球児だった千賀を育成枠で獲得してきたソフトバンクのスカウトには、いくらボーナスをあげても高くない。年俸270万円で入団したピッチャーがここまで大化けするのだから、ソフトバンクという球団の底力を見せつけられた思いである。

私もテスト生として契約金ゼロで入団して三冠王になったのだから、南海は球団として儲けものだった。各球団のスカウトは、こういう千賀のような選手を1人でも多く発掘してほしい。有名なアマチュア選手を追いかけるのはだれでもできる。目利き、情報通、そういうスカウトなら各球団は大いに給料をはずむべきだ。

さて、WBCをケガで欠場した大谷翔平が、メジャーリーグに移籍した後、侍ジャパンのメンバーとして復帰するのかどうか。稲葉監督にすれば、事情はどうあれ、東京五輪にはなんとしても大谷の力が欲しいところだろう。

なんといっても、大谷1人いるだけで、エースと四番を同時に2つ手に入れることができる。こんな選手は世界中に大谷翔平たった1人である。

私は、二刀流には当初、大反対だった。「プロ野球を甘く見るな」と言っていた。しかし、実際にグラウンドに足を運んで大谷のピッチングとバッティングをこの目で見て、「こりゃあ、だれが監督でも両方やらせてみたくなるよな。俺もやらせたかもしれない」と考えが変わった。

ケガが多いのは二刀流の弊害なのか、別の要因なのか。その点には懸念があるが、広角に長打を打てるバッティングといい、165キロの速球といい、プレーそのものはどちらも文句のつけようがない。

あえて言えば、160キロを超えるボールを投げているのに、バッターがバットに当てているのが物足りない。もっとリリースのときにボールに強い回転を与えるようなフォームを身につければ、バットにかすりさえしないはずだ。私は大谷に、こう言った。

「スピードもいいが、ストレートの質を磨いてくれよ」

「はい」

大谷は笑顔でそう答えてくれた。いつ会っても素直で謙虚な青年だ。この人間性は、かならず選手として成長するうえでの大きな財産になるはずだ。

ノムラが選ぶ東京五輪侍ジャパンのメンバーはこれだ

第4回WBCで活躍した選手たちを見て、改めて見直した選手が何人かいた。3年後の東京五輪のメンバーも、彼らが中心となっていくことだろう。

とくに広島の菊池涼介は、守備といい、バッティングといい、素晴らしい。歴代の名二塁手と比べてもトップクラスである。あのヒゲ以外、まったく文句のつけようがない。東京五輪のとき30歳。野球選手として脂の乗り切った時期だ。

主軸の中田翔は2020年に31歳、筒香は29歳。ちょうど往年の巨人のONでいえば、V9の序盤の年齢だ。東京五輪でもクリーンアップ有力候補である。ここに26歳の鈴木誠也が加わる。第2次ラウンドのオランダ戦で延長11回、打席に入る前、中田に「バントをするので、後はよろしくお願いします」と一声かけたというエピソードは光っていた。それに意気に感じた中田が勝ち越しタイムリー。このときの鈴木誠也の言葉の力は見上げたものだ。侍ジャパンの中心選手としてふさわしい言葉とプレーである。

こうした第4回WBC組に加えて、新しい選手たちが加わっていくわけだが、すっかり常勝球団になった広島からは、菊池や鈴木の野手に加えて、岡田明丈、薮田和樹といった若きエースたちが参戦することが期待される。

そして、もう一つ、さらに若き侍ジャパンのメンバーたちの加入も楽しみだ。すなわち、清宮幸太郎や中村奨成をはじめとする2017年U-18侍ジャパンのメンバーを見ると、このなかから何人の侍が東京五輪で活躍してくれるのかと期待が膨らむ。あまりにも膨らみすぎて、候補選手の数もずいぶんと膨らんでしまったが、まあ、あと3年もあるのだから、実績と成長度と期待値を考えれば、もっとたくさん入れたいほどだ。それでも、ひとまず、現時点で考え得る名前をあげておこう。

また、そのおまけとして、歴代プロ野球の名選手たちのなかから、時空を超えて侍ジャパンを選んだらどうなるかということも考えてみた。これは野球ファンが大好きな「夢のオールスター」を選ぶ楽しい遊びであるが、私にとっては、あちらを立てればこちらが立たず。みな直接、一緒にプレーしたり、監督と選手として戦った人たちばかりであるから、絞るのは大変に難しい作業である。

そこで、2014年にプロ野球80周年を記念して行われた「NPB80周年ベストナイン ~Best nine of 80 years~」において「ベスト・オブ・ザ・ベストナイン」として表彰されたメンバーを参考にしながら、独断と偏見で選ばせていただいた。「野村、それは違うだろう」という反論も大いに結構。夢のオールスターは、ファンの数だけチームがあるのが楽しいところである。

それでは、まず現役の選手たちのなかから東京五輪侍ジャパンの候補選手をあげさせていただこう。

ノムラが選ぶ

東京五輪 侍ジャパン候補選手

（年齢は2020年時）

[投　手]

大谷翔平（日ハム・26歳）
千賀滉大（福岡・28歳）
ダルビッシュ有（LD・34歳）
菅野智之（巨人・31歳）
田中将大（NY・32歳）
前田健太（LD・32歳）
田口麗斗（巨人・25歳）
菊池雄星（西武・29歳）
則本昂大（楽天・30歳）
松井裕樹（楽天・25歳）
岡田明丈（広島・27歳）
薮田和樹（広島・28歳）
秋山拓己（阪神・29歳）
今永昇太（横浜・27歳）
畠世周（巨人・26歳）
田浦文丸（秀岳館・21歳）

[捕　手]

小林誠司（巨人・31歳）
田村龍弘（ロッテ・26歳）
森友哉（西武・25歳）
嶋基宏（楽天・36歳）
中村奨成（広陵・21歳）

[内野手]

菊池涼介（広島・31歳）
坂本勇人（巨人・32歳）
中田翔（日ハム・31歳）
山田哲人（ヤクルト・28歳）
茂木栄五郎（楽天・27歳）
京田陽太（中日・26歳）
田中広輔（広島・31歳）
清宮幸太郎（早実・21歳）

[外野手]

筒香嘉智（横浜・29歳）
鈴木誠也（広島・26歳）
秋山翔吾（西武・32歳）
柳田悠岐（福岡・32歳）
浅村栄斗（西武・30歳）
西川遥輝（日ハム・28歳）
上林誠知（福岡・25歳）
オコエ瑠偉（楽天・23歳）
吉田正尚（オリ・27歳）

「NPB80周年ベストナイン ～ Best nine of 80 years ～」表彰者

その時代を代表する名プレーヤーがベストナイン。過去69回のベストナイン表彰者のなかから、それぞれのポジションで最多受賞回数を記録されている人を対象に「ベスト・オブ・ザ・ベストナイン」として選出。（数字はベストナイン受賞回数）

［投　手］別所毅彦（6）

［捕　手］野村克也（19）

［一塁手］王貞治（18）

［二塁手］千葉茂（7）
高木守道（7）

［三塁手］長嶋茂雄（17）

［遊撃手］吉田義男（9）

［外野手］張本勲（16）
山内一弘（10）
山本浩二（10）
福本豊（10）

ノムラが選ぶ

「時空を超えた夢の侍ジャパン」候補選手

［投　手］
金田正一
別所毅彦
杉浦忠
稲尾和久
山口高志
江夏豊
江川卓
伊藤智仁
野茂英雄
松坂大輔
ダルビッシュ有

［捕　手］
森祇晶
伊東勤
古田敦也
野村克也

［一塁手］
王貞治
落合博満
土井正博

［二塁手］
千葉茂
土井正三
高木守道
辻発彦
立浪和義

［遊撃手］
吉田義男
広岡達郎
宮本慎也

［三塁手］
長嶋茂雄
中西太
掛布雅之

［外野手］
張本勲
山本浩二
広瀬叔功
山内一弘
福本豊
イチロー
松井秀喜

あとがき

ノムラが死ぬまでボヤき続けたいこと

「いまのプロ野球界に何か言いたいことはありますか？」

この頃、本当によくそう聞かれる。

野村克也も80歳を過ぎたし、そろそろお迎えが来るだろうから、その前に言い残しておくことはないか、いまのうちに聞いておこうという奇特な人たちがたくさんいるのだろうと思っていたが、どうやらそればかりではなさそうだ。

私にそういうことを聞いてくれる人たちは、「プロ野球は、このままではいけないんじゃないか」という思いがあって、野村なら何か言い当ててくれるのではないかという期待を抱きつつ、話を聞きに来てくれているような気がする。

つまり、プロ野球に携わる人たちやファンやマスコミの人たちは、みないまのプロ野球に危機感を抱いている。それで、野村ならだれにも遠慮することなく、言いたいことを言うはずだから、プロ野球のための提言をしてくれるはずだと信じて私のところへ来てくれているようだ。

たしかに私は、どんな偉い人にも、どんなに人気がある人にも、一切、気を使うことなどなく、言いたいことがあれば全部しゃべってきた。それは昔から、ずっとそうだった。そのおかげで私には敵が多い。それなりに味方もいることはいるが、耳障りなことを私に言われた人たちは「野村だけは許せん」と思って、それこそ「早くあいつにお迎えが来ればいいのに」と言っている人たちがたくさんいることだろう。

おまけに、私は前々からそうやって言いたいことを言って生きてきたが、この齢まで生きていると、もう怖い人はだれもいなくなってしまった。みなさん、天国のグラウンドへ旅立ってしまったから、生き残った私は、ますます言いたい放題になってしまった。

そういうわけで、本書では「いまのプロ野球界に言いたいことはありますか?」という質問への答えをすべて言わせてもらった。

前々から感じていたことや何度か方々で発言してきた様々なことを書かせてもらったが、大きなテーマは2つあった。

私のかわいい教え子である稲葉篤紀が侍ジャパンの監督になった。彼の最大の使命は、東京五輪で金メダルをとることである。そのための提言をここで、しっかり言わせてもらった。それが1つ。そして、もう1つは、プロ野球の監督の人材難を何とかしなければ、今後、プロ野球が衰退してしまうということ。それを打開するための指導者講習会をいますぐ実施するべきだということである。

侍ジャパンが世界一になるために。そして、稲葉篤紀が監督として立派に侍ジャパンを率いていくために、これは野村の侍ジャパンへの遺言であり、プロ野球界への遺書である。

侍ジャパンを世界一にする！戦略思考

2017年11月8日　初版第一刷発行

著　　者／野村克也

発 行 人／後藤明信
発 行 所／株式会社竹書房
〒102-0072
東京都千代田区飯田橋2-7-3
03-3264-1576（代表）
03-3234-6208（編集）
URL　http://www.takeshobo.co.jp

印 刷 所／共同印刷株式会社

カバー・本文デザイン／轡田昭彦＋坪井朋子
写真提供／日刊スポーツ新聞社
協　　力／株式会社KDNスポーツジャパン
構　　成／松橋孝治
編 集 人／鈴木誠
編集協力／髙木真明

Printed in Japan 2017

ISBN978-4-8019-1268-7